岩 波 文 庫

33-420-1

古 代 へ の 情 熱

——シュリーマン自伝——

シュリーマン著
村田数之亮訳

岩 波 書 店

SELBSTBIOGRAPHIE BIS SEINEM TODE VERVOLLSTÄNDIGT

1891

H. Schliemann

目 次

第一版のはしがき

忘れることのできないわが夫が逝って、数週間したとき、その著書『イリオス』のなかに収められている自叙伝を、よりひろく世に普及させたいとの希望が、F・A・ブロックハウス氏から申しこされました。そのとき、私はこの計画はおことわりしてはならない、それを通じて、ハインリヒ・シュリーマンの生涯と仕事と、また今その突然の死によって、世界の各地に彼の同学の士や知人のあいだをはるかにこえて、わき起こった同情に報いねばならぬと思いました。私たちが、どのように手をたずさえてトロヤやミケネに仕事をはじめたか、またどのように私たちの労苦が成功に報われたかを、この苦悩のときに思い起こすことは私にとってはひとつの悲しい喜びでありました。しかし筆の進まぬときもあるものですから、私はこのブロックハウス氏の計画の実行を、先年トロヤに滞在してわが夫に接していられた博士アルフレット・ブリュックナー氏におまかせしました。博士によってこの自叙伝は補整されたものです。

一八九一年九月二十三日

アテネにて　ソフィア・シュリーマン

一　少年時代と商人時代（一八二二―六六）

〝私はうぬぼれにかられてこの著書をわが身の上話からはじめるのではない。私の後半生のすべての仕事は幼少年時代の印象によって定められたこと、いや、たしかにそれらの印象の当然の結果であったことを、はっきりと説明したいと願うからである〟と、ハインリヒ・シュリーマンはその著書『イリオス Ilios』*の序文に書いている。〝いわばトロヤやミケネの墳墓を発掘した私のすきとくわとは、幼少のときに最初の八か年をすごしたドイツの小村で早くもきたえ磨《みが》かれていたといってよい。それだから、貧しい幼少のときにたてた大計画を、人生の秋になって実行させたその財産を、どのようにして私がえたかを語るのも必ずしも無用なこととは思えない。

私は一八二二年一月六日にメックレンブルク＝シュヴェリーンの小都市ノイエ・ブュウ*に生まれた。父のエルンスト・シュリーマン*はそこの新教派の説教者であったが、一八二三年には同じ資格でこの大公領内のヴァーレンとペンツリンとのあいだにある小さな村アンケルスハーゲンの教会区に招かれた。私はこの村にそれから八か年の年月をすごしたが、あらゆる神秘的なもの、あらゆる不思議なものへの生来の愛着心が、この土地にある多くの怪奇な事柄によって、真の熱情に燃えあがった。わが家の離れ屋《ガルテンハウス》には父の前任者、牧師のフォン・ルッスドルフの亡霊が出るといわれ、また家の庭のすぐうしろには「銀の小皿」といわれる小さな沼があったが、そこには真夜中に若い女の幽霊が銀の皿をもって出るということだった。そのほかに、村には堀をめぐらした小丘があって、その丘にはおそらくキリスト教時代以前の墳墓、いわゆる巨人の墓*がみられた。この墓は伝説によると、ある老盗賊武士*が彼の愛人の子を金のゆりかごに入れて、そのなかに葬ったとのことであった。また地主の庭にある古い円塔の廃墟の近くには、すばらしい財宝がかくされているとのいい伝えがあった。これらの財宝が、すべて現存すると信じて疑わなかった私は、父が金銭の不足をなげくのを聞くと、いつも「では、なぜお父さんは銀の皿や、金のゆりかごを掘りだして、お金持にならないの」と、驚いてたずねたものである。

またアンケルスハーゲンにはひとつの中世の古い城があったが、その城には厚さ六フィートの城壁のなかを通じる秘密の通路と、シュペック付近の深い湖の底に通じているといわれた長さが十分に一ドイツ・マイル(七・四二キロ)ある地下道とがあった。このあたりには恐ろしい幽霊がさまようとのうわさがあって、村人はだれでも実際にふるえながらこの化け物の話をするのであった。古い伝説によると、この城にはかつて「ヘニング・ブラーデンキルル*（あぶり殺しのヘニング）」と呼ばれた、ヘニング・フォン・ホルシュタインという名の盗賊騎士が住んでいた。彼はいたるところでいつも窃盗強奪をはたらいていたから、この地方一帯でひじょうに恐れられていた。彼はその居城のそばを通る多くの商人に、メックレンブルク公が旅行免状をあたえて、彼の暴行から商人を保護することが不快でたまらず、ついにその報復をしようとして、ある日表面は恭順にみせて、公を自分の城に客として招いた。招待に応じて、公は約束の日に多くの従者をしたがえてでかけた。ところが騎士の牛飼いが、客を殺そうとしている主人の計略を知って、私の家から約四分の一マイルのところにある途中の丘のうしろの草むらにかくれて、公を待ちうけ、ヘニングの悪らつな計画をその耳にいれた。公はただちにひき返した。このできごとからこの丘は「待居山《ヴァルテンスベルク》」という今日の名がつけられたと伝えられている。ところで騎士は自分の計画を牛飼いが妨害したことを見破ると、この男を生きたままで大きな鉄のなべでじりじり焼き、そのうえに、伝説がものがたるところによると、彼が死の苦しみにもだえているときに、左足で彼に最後のひどい足蹴《あしげ》をくわえて、ついに殺したということである。やがてまもなく公は一隊の兵を率いてきて、城を包囲し攻撃した。騎士ヘニングはもはや逃れるみちがないとみると、その全財宝を大きな箱に入れ、彼の庭の、今《こん》日《にち》もなおそのあとが見えている円塔のまぢかに埋めて、みずから命を絶った。わが教会墓地にある長いひと並びの平たい石は、この罪人の墓標だということであった。そして数百年にわたってそこから黒い絹靴下をはいた左脚《あし》が絶えずはえでたのであった。役僧のプランゲも墓掘りのヴェッラートもともに、自分たちも子供のときにはその脚を切りとって、その骨でもって樹の梨をたたき落としたが、今世紀の初めになってとつぜん脚がはえなくなった、とつよく断言した。もちろん、私も子供の単純さからこの話をそのままに信じたばかりか、実際に脚がもはやはえなくなった理由がわかるかもしれないと思って、父が自分でその墓を掘るか、でなければ私に掘らせてくれと、しばしば私は父に願ったものである。

城の後壁につけられたひとつの陶製の浮き彫りもまた私の感じやすい心にははなはだ深い印象をあたえた。それにはひとりの男が表わされていて、ヘニング・ブラーデンキルルの姿であると、人々は信じていた。その浮き彫りの上にはどんな色でものらないのは、牛飼いの血がかかっていてとれないからだ、ということであった。広間の壁にぬり込められただんろは、牛飼いが鉄のなべであぶられた場所のしるしであった。この恐ろしいだんろにあるつぎ目を消そうとどんなに苦心しても、それはやはり目につくといい伝えられていた――このことにも邪悪な行ないは決して忘れられないものだ、という神の啓示がうかがわれた。なおそのほかに私は当時、近くのルームスハーゲンの土地の持ち主であるフォン・グントラハ氏が村の教会付近の丘を発掘して、そこから古代ローマ時代の非常に強いビールのはいった大きな木製だるをみつけた、といううわさ話もいちずに信じていた。

　私の父は言語学者でも考古学者でもなかったが、古代史にたいしては熱情的な興味をもっていた。父はしばしば私にヘルクラヌム*やポンペイの悲劇的な没落をひどく興奮して話してくれたものだ。彼は、そこで行なわれた発掘を見物するのに十分な時間と金銭《かね》をもつ人こそは、もっとも幸福な人間だと思っていたようである。父はまたしばしば私にホメロスの英雄の働きやトロヤ戦役のできごとを歎美しながらものがたったが、その時にはいつも私はトロヤの事柄の熱心な弁護者であった。私は父からトロヤはまったく破壊されて、跡形もなく地上から消えうせたことを悲しく聞いていた。しかし当時ようやく八歳の子供であった私に、父が一八二九年の降誕祭にゲオルク・ルドヴィヒ・イェッラー博士の『子供のための世界歴史』*をくれたが、その書物に、燃えあがっているトロヤのさし絵があった。そこには巨大な城壁やスカイヤ門があり、父のアンキセスを背におい、幼いアスカニアの手を引いて逃げてゆくエネアス*が描かれていた。このさし絵を見て、私は喜びにあふれて「お父さん、あなたは間違っていたよ、イェッラーはきっとトロヤを見たんだ。でなければ博士がここを描けなかったでしょう」と叫んだ。彼は「ねえおまえ、これはただの作り絵だよ」と答えた。しかし、それなら古代トロヤにはかつて実際にこの絵に描かれているような堅固な城壁があったのか、との私の質問にたいしては、彼はそうだと答えた。そこで私は「お父さん、もしその城壁が立っていたことがあるのなら、それが跡形もなくなるなんてことはない。きっと数百年間の石ころや塵の下にかくれているかもしれないでしょう」と言った。そのとき彼はもちろん反対したけれども、私が自分の考えをかたくとって動かないので、ついに私たちは、私が将来いつかはトロヤを発掘するということに意見が一致した。

それが喜びであれ、はた悲しみであれ、心に満つるより口に言わるるものなり*ということであるが、ことに子供の口にとってはそうである。それで私は遊び友だちにトロヤのこととわが村にみちている神秘で不可思議なことの話ばかりするようになった。彼らはみんないっしょになって私を笑った。ただアンケルスハーゲンから約四分の一マイル*離れたツァーレン村の小作人の二人の少女、ルイーゼ・マインケ*とミナ・マインケ Minna Meincke はべつだった。ルイーゼは私より六つ年上であったが、ミナは同年だった。この二人は私をあざけろうとしなかった、いや、まったくその反対だった。彼女らはいつも懸命に、注意をこめて私のふしぎな物語に耳をそばだてていた。もっともよく私を理解していたミナはことにそうであって、熱心に私の将来のすべての計画に賛成した。こうしたことからわれわれの間にあたたかい好意がうまれて、やがては子供らしい単純さから永久の愛情と誠実とを誓ったのであった。一八二九、三〇年の冬に、私たちは私の小さい恋人の家か、わが牧師館か、また昔の幽霊城かで交互に行なわれた仲間のダンス授業で顔をあわすのであったが、当時この城には小作人のヘルトが住んでいた。その城で私たちは非常な興味をもってヘニングの血の石像や、恐ろしいだんろの不吉なつぎ目や、城壁のなかの秘密の通路や、地下道への入口をながめいった。ダンスの授業が私の家であるときには、私たちはヘニングの脚《あし》はやはりもはや生えないかどうか、を見ようと、よく戸口の教会墓地に出てみたり、あるいは一七〇九年から一七九九年まで私の父の前任者として働いたヨーハン・クリスティアンとゴットフリーデリヒ・ハインリヒの両フォン・シュレーダー(父子)が書いた昔の教会書類を畏敬《いけい》と驚歎とをもって眺めいったりした。大昔の誕生、結婚、死亡表は私たちにはまったく特別な魅力であった。またわれわれはよく当時八四歳で、わが家のすぐ隣りに住んでいた息子のほうのシュレーダー牧師の娘をたずねて、村の昔のことをたずねたり、彼女の先祖らの肖像をながめたりしたが、そのうちでも、彼女の母で一七九五年に死んだオルガータ・クリスティーネ・フォン・シュレーダーの肖像*は他のどれよりも私たちを引きつけた。第一にはそれが私たちには傑作と思えたからであるが、第二にはそれがミナとたしかに似ていたからでもあった。

それから私たちはよく、片目でまた片脚で、そのために一般に「ペーテル・フュッパート」(びっこのペーテル)と呼ばれていた村の仕立て屋のヴェッラートをたずねた。彼はすこしの教養もなかったが、驚くべき記憶力をもっていた。私の父の説教を聞くと、その話の全部を一語一語くり返すことができた。もし彼に学校教育や大学教育へのみちが許されていたならば、かならず大学者になったであろう。この男は機知に富み、また逸話を無尽蔵にもちあわせていたが、それらを驚くべき弁舌でものがたる術《すべ》も心得ていて、私たちの知識欲を極度に刺激した。私はここにその一つの話だけをくり返そう。彼はつぎのような話をしてくれた。自分はコウノトリが冬はどこへ行くのか知りたいものだといつも思っていたので、かつてわが父の前任者、牧師のフォン・ルッスドルフが生きていた時分に、いつもわが穀倉に巣をつくる例になっていたコウノトリのなかの一羽を捕え、その脚《あし》に一片の羊皮紙を結びつけて、それに彼の望みにしたがって説教師プランゲが次のように書きつけた。メックレンブルク＝シュヴェリーン州アンケルスハーゲン村の牧師と仕立て屋ヴェッラートは、ここにこのコウノトリが冬に巣をつくった家の持ち主どのに、その地方名をお知らせくださるよう、せつに願い上げますと。翌年の春、彼がそのコウノトリを再び捕えたとき、その鳥の脚《あし》には、次のようなまずいドイツ詩につくった返事が書かれた、べつの羊皮紙片が結ばれていたと。

シュヴェリーン＝メックレンブルクは存じ申さず
コウノトリが留っていたその土地は
ザンクト・ヨハネス地方と呼ばれる＊

もちろん私たちはこの話をぜんぶ信用したから、神秘なザンクト・ヨハネス地方はどこにあるかを知るためには、われわれの一生のいく年をそれについやしても悔いなかったであろう。この逸話やこれに類似の話がわれわれの地理の知識を豊富にすることはもちろんなかったけれども、少なくとも地理を学びたいとの欲望をおこし、なおすべての神秘的なるものに対する私たちの熱情を高めたのであった。

ダンス授業からはミナも私もすこしの利益をうけず、またなんら学ぶところはなかった。よしんば私たちにはこの芸術に対する天分がなかったのか、あるいはまた私たちは自分たちにとっては重要な考古学研究や将来の計画のためにいそがしすぎたかであったにしても。

私たちのあいだでは、大きくなったならば、ただちに結婚して、すぐにアンケルスハーゲンのすべての神秘を、すなわち黄金のゆりかご、銀の皿、ヘニングの莫大な財宝と彼の墓とをしらべ、最後にはトロヤの町を発掘しよう、ということがすでに決定していた。私たちにはその全生涯を過去が残したものの探求についやすことほど美しいものは他に考えられなかった。

トロヤは実在するという確信が、多事な私の人生行路のあらゆる変転のうちにあっても、決して私を見棄てなかったことは、神に感謝すべきことであるけれども、しかしわが人生の秋になってようやく、しかもミナも伴わずに――彼女から遠く遠く離れて――われわれの五〇年前の子供の夢を実現することが許される運命でもあったのである。

私の父はギリシア語は知らなかったが、ラテン語にはよく通じていて、あらゆる暇を利用して私にそれを教えてくれた。私が九歳になってまもなく私の愛する母が死んだが、これは私と六人の弟姉*にとってつぐなうことのできない損失であり、またたしかに最大の不幸でもあった。

母の死はなおも一つの大きな不運*とかさなり、そのためにすべての知人が突然にわれわれに背をむけて、わが家との交際を絶った。私には他のことはあまり悲しくなかったが、もはやマインケ一家と会えないこと、私がミナからまったく離れて彼女に再び会えないだろうということ——このことは私にとっては母の死よりも数千倍も悲しかったから、母の死さえもミナを失ったという圧倒的な悲哀のなかにやがては忘れてしまった。ミナとともにすごした幸福な日々を深い悲しみをもっておもいながら、私は涙にぬれて毎日いく時間もただ一人でオルガータ・フォン・シュレーダーの肖像の前に立っていた。未来のすべてが私には暗く物悲しく思えて、アンケルスハーゲンのあらゆる神秘にみちた驚異も、たしかにトロヤでさえも、しばらくの間はなんの魅力もなかった。私の深い落胆を見のがさなかった父は、二年間の予定で私をメックレンブルクのカルクホルスト村の牧師をしていた彼の兄弟、説教師フリードリヒ・シュリーマン*のもとに送った。この地で私は幸いにも一年間はノイシュトレーリッツ出身の牧師補のカール・アンドレス*を師としたが、このすぐれた言語学者の指導によって私の学問は長足の進歩をとげ、早くも一八三二年の降誕祭には父に、もっとも正確ではなかったが、トロヤ戦役のおもなできごとやオディッセウスの冒険やアガメムノンについてのラテン語作文を贈り物としてさしだすことができた。一一歳のとき私はノイシュトレーリッツのギムナジウム*へ入学して、第三級《テルティア》に組み入れられた。しかしちょうどこの時に私の家庭に非常な大不幸がおこって(父の停職)、今後数年間も私をギムナジウムから進んで大学へと仕送りをすれば、父の財産は尽きはてるであろうと心配になったので、私はわずか三か月でギムナジウムをやめて、町の実科学校《レアーレシューレ》*に転校し、すぐに第二級に入学を許された。一八三五年の復活祭には第一級に進級し、一八三六年の春、一四歳で卒業して、メックレンブルク＝シュトレーリッツの小さな町フュルステンベルクのエルンスト・ルドウィヒ・ホルツの小さな小売店の小僧にやとわれた。

　私がノイシュトレーリッツから出発する前のある日、一八三六年の受苦日《カールフライターク》（復活祭の前の金曜日）に私は宮廷楽師のC・E・ラウエの家で偶然にも五年間以上見なかったミナに会った。私はこのことを、私たちには忘れられないその最後のめぐり会いをば、決して忘れることはないであろう。彼女はいまは一四歳になって、私が最後に会った時よりたいへん成人していた。彼女は簡素な黒服をきていたが、この衣服の簡素さが、彼女の魅力ある美しさをたしかにいっそう高めているようであった。私たちはお互いに目を見合うと、たちまち二人とも涙の雨にくれて、一語も言わずに、互いに抱きあった。私たちはいく度も話をしようと努めたが、興奮があまりに大きかった。私たちはひとこともいうことができなかった。けれどもやがてミナの両親が部屋にはいってきたので、われわれは別れなければならなかった――しかし私が興奮から再び静まるには長いあいだかかった。今や私は、ミナがまだ私を愛していることをかたく信じた。そしてこの考えは私の功名心をあおった。その瞬間から私は無限の力をおぼえるとともに、たゆまぬ精励によって出世し、そうして私がミナに値することを示そうとかたく心に期した。当時私が神に願った唯一のことは、私が独立の地位をえるまで、彼女が結婚しないようにということであった。

五か年のあいだ私はフュルステンベルクの小売店に奉公した。最初の年はホルツ氏のもとで、後は彼の後継者であるテオドール・ヒュックシュテット氏のもとで。私の仕事はにしん、バター、いも焼酎《じょうちゅう》、牛乳、塩、コーヒー、砂糖、オリーヴ油、脂ろうそくその他の小売、焼酎製造のためにジャガイモをおしつぶすこと、店の掃除やそれに類することであった。その店は一年の全売上高が三〇〇〇ターレル＊になるやならずの小さな店であって、一日に一〇ターレルから一五ターレルの食料品が売れることがあれば、まったく特別なはんじょうに思えたものであった。ここではもちろん私はただ社会の最下層の人々としか接触しなかった。このようにして私は朝の五時から夜の一一時までいそがしくすごして、勉強する自由な時間はすこしもなかった。そのうえ子供のときに学んだわずかのものさえ、忘れる一方であったが、それにもかかわらず、学問にたいする愛着を失ってはいなかった——いや、それは断じて失わなかった——またよっぱらいの粉屋のヘルマン・ニーデルヘッファー＊が私の店にきた夕べも、私が生きているかぎりは、忘れられないであろう。彼はレーベル（メックレンブルク）の新教派の説教者の息子であって、ノイルッピンのギムナジウムを卒業まぎわに品行不良のために放校された。彼の父はギュストロヴの粉屋、デットマンに彼を小僧としてあずけた。ここに彼は二年間いた後は、粉屋の職人としてぶらぶらしていた。この若者は境遇に対する不満から、おしむらくはほとんど飲酒癖におちいっていたにかかわらず、そのために彼のホメロスを忘れることはなかった。それで前に述べた夕べには、彼はこの詩人の句を一〇〇句以上もわれわれに暗誦してきかせ、しかもそれらの句を非常な熱情をこめ抑揚《よくよう》をつけて朗吟した。もちろん私はそのうちの一語もわからなかったけれども、その旋律的な言葉から私はこの上なく深い印象をうけて、自身の不幸な境遇にたいして熱い涙をさそった。彼はそのすぐれた神品の詩を私のために三度くり返さねばならなかったが、その返礼に私は三ばいの焼酎《しょうちゅう》を彼にふるまい、そのために私の財産の底をすっかりはたいた数ペンニヒをも喜んでなげだした。あの瞬間から私は神に、お恵みによって、いつかはギリシア語を学ぶことが許される幸福を、われに与えたまえ、と祈願してやまなかった。

しかしながらこの憐れな低い地位からぬけだす口はどこにも開かれそうにみえなかった。しかしついに突然まるで奇蹟のように、それから解放された。あまり重いたるを持ちあげたために、私は胸をいためて、吐血し、もはや自分の仕事をすることができなくなった。私は自暴自棄になってハンブルクまで徒歩でいったが、そこで年収一八〇マルクの職につくことができた。しかし吐血と胸の激痛とのために激しい労働をすることができなかったから、やがてやとい主は私がつかえぬことを知った。それでわずか八日間職にあっただけで、再び失職した。私にはもはやこのような奉公が不可能であることは十分にわかった。しかしながら窮迫していた私は、日々の食さえ得られるならば、どのような賤しい仕事でもつかもうとして、船に職を求めようとはかった。私の亡き母の幼な友達であったしんせつな船舶仲買人、J・F・ヴェントの推薦によって、幸いにも私は小さな横帆《ブリック》の二檣船《にしょうせん》「ドロテア」号の船室づき給仕に採用された。この船はヴェネズエラのラ・グァイラ行きの船であった。

　これまでにも私はいつも貧乏ではあったけれども、この時ほど無一文であったことはなかった。それにもかかわらず、一枚の純毛毛布をえるために、私はただひとつの上着も売らねばならなかった。一八四一年十一月二十八日にわれわれは順風に乗ってハンブルクを出帆した。しかし数時間の後に風向きが変わって、三昼夜もわれわれはエルベ河上のプランケネーゼ付近から動けなかった。十二月一日には再び順風がふいて、われわれはクックスハーフェンをすぎて公海に出たが、ヘルゴラント沖に達するか達せぬかに、風がまたもや西方に急変し、十二月十二日まで相変わらず西風であった。われわれは絶え間なく横風を受けて走ったが、ほとんど、いやすこしも進まず、ついに十二月十一日・十二日の夜テクセル島*沖で、暴風雨のために「デ・エイランチェ・グロンド（大島の意）」という暗礁で難船してしまった。無数の危険と、その上に九時間にわたって非常に小さなおおいのないボートにあって荒れくるう風波にほんろうされた後、われわれ全員九名はやっとついに救われた。われわれのボートがテクセル海岸に近い砂洲に激浪によって投げつけられて、いまやすべての危険がついに過ぎ去ったこの歓喜の瞬間を、私は神にたいする最大の感謝をもっていつも思いだす。われわれが投げだされたのはどこの海岸であったか、私は知らなかった――もっともわれわれが「外国」にいることはわかったが。そこの砂洲で一つの声が私に、いまやおまえの浮世の事柄は満潮になった、この嵐《あらし》をおまえは利用しなければならない、とささやくような気がした。しかもなおこの日にこのうれしい信仰が保証されたのである。というわけは、船長や私の仲間は難破のときに彼らの持ち物ぜんぶを失ったのに反して、私の小かばんがぶじ海中に漂っているのが見つかって、引き上げられた。そのなかには数枚のシャツと靴下、日記とヴェント氏からラ・グァイラあての二、三通の紹介状が入れてあった。

われわれはテクセルにおいてゾンダードルプ領事とラーム領事とにたいへん親切に迎えられた。私は他の乗組員とともにハンブルクに送り返してやろうというこのひとびとの申し出にたいして、言葉にいえないほどに不幸だったドイツに帰ることを断乎とことわり、オランダに止まることはわが運命と思われること、そして兵士の募集に応ずるためにアムステルダムに行く考えであることを打ち明けた。というわけは、私は完全に無一文であり、少なくともいまのところそれ以外には生計を立てる見込みはないとみたからであった。それで領事たちは私のせつなる願いにしたがって、私のアムステルダム渡航のために二グルデン(gulden はオランダの銀貨)を支払ってくれた。いまは風が正南方に変わっていたから、私をのせた小船はエンクイゼン市に一泊し、ちょうど三日かかって、オランダの首府についた。私の着物はまったく不完全で不十分なものであったから、航海中は非常に困らねばならなかったが、アムステルダムでも最初の幸運は私にほほえもうとしなかった。すでに冬であったが、私は上着をもたず、寒気にひどく苦しめられた。兵士になるという私の考えは、考えたように早急には実現されず、テクセル島やエンクイゼンで恵まれた数グルデンは、アムステルダム駐在のメックレンブルク領事クアック氏から贈られた二グルデンとともに、アムステルダムのラムスコイにあるグラールマン夫人の宿屋の宿料につかいはたした。わずかの金銭もまったく尽きはてたとき、私は仮病をつかって病院に入院した。しかし前に述べたハンブルクの親切な船舶仲買人J・F・ヴェント氏がふたたび私を恐るべき境遇から救いだしてくれた。私はテクセルから彼に手紙をだして、われわれの難船を報告し、それとともに今度アムステルダムにおいて自分の運だめしをしようと思うむねを告げた。その手紙が、彼が数人の友人とある祝宴に列していた、ちょうどその時に着いたことは、幸運な偶然といってよかった。私が遭遇したあたらしい不幸の報知は列席者一同の心を動かし、その場で彼が集めてくれた募金は二四〇グルデン*の額に達した。それをいま彼はクアック領事を通じて私に送ってくれたのである。同時に領事は私をアムステルダム駐在のプロシア領事W・ヘプナー氏に紹介してくれたが、領事はまもなく私にF・C・クイーン氏の事務所の職を周旋してくれた。

私の新しい職の仕事は手形に印をおして、それを町で正金に換えること、手紙を郵便局にもって行きまたもち帰ることであった。この機械的な仕事は、私がおこたっていた修業に心をむけるのに、十分な時間をあたえてくれたから、私には非常に好都合であった。

まず私は読みやすい筆跡を習得しようとして、ブリュッセルの有名な書家マネーに二〇時間の授業をうけて、十分に目的を達した。つづいて、自分の地位をよくするために、熱心に近代語の学習をはじめた。私の年収はわずか八〇〇フラン*であったから、そのなかばを学習につかい、他の半分で私の生活費をまかなったのだが、どうにかやってゆけた。

ひと月八フランの私の住居は暖房設備のないあわれな屋根部屋であり、冬はそこで霜にふるえ、夏はこげつくような暑さに耐えなければならなかった。私の朝食は裸麦粥《ロッゲンメールブライ》であり、昼食は決して一六ペンニヒをこえることはなかった。しかしこの貧困と、懸命に働けばこの貧困から解放されるという確実な見通しとが、私をば何ものよりも学習へと追い立てたのであった。そのうえ私はミナに値することを示そうとの願望を抱いていたが、これは私に不屈の勇気をさました育てた。そこで私は異常な熱心をもって英語の学習に専心したが、このときの緊急切迫した境遇から、私はあらゆる言語の習得を容易にする一方法を発見した。

このかんたんな方法とはまずつぎのことにある。非常に多く音読すること、決して翻訳しないこと、毎日一時間をあてること、つねに興味ある対象について作文を書くこと、これを教師の指導によって訂正すること、前日直されたものを暗記して、つぎの時間に暗誦することである。私の記憶力は少年時代からほとんど訓練しなかったから、弱かったけれども、私はあらゆる瞬間を勉学のために利用した。まったく時を盗んだのである。できるだけ早く会話をものにするために、日曜日には英国教会の礼拝にいつも二回はかよって、説教を傾聴し、その一語一語を低く口まねした。どのような使い走りにも、雨が降ってももちろん、一冊の本を手に持って、それから何かを暗記した。何も読まずに郵便局で待っていたことはなかった。こうして私はしだいに記憶力を強めて、三か月後にははやくもわが教師テイラー氏とトンプソン氏の前で、いつもその授業時間には印刷された英語の散文二〇ページを、もしあらかじめ三回注意して通読していたならば、文字どおりに暗誦することができた。この方法によって私はゴールドスミスの『ウェイクフィールドの牧師』の全部とウォルター・スコットの『アイヴァンホー』とを暗記した。過度の興奮のために私はごくわずかしか眠れないので、夜中にさめているすべての時間を利用して、夕方に読んだことをもう一度そらでくり返した。記憶力は昼間より夜ははるかに集中するものであるから、私はこの夜中にくり返すことは最も効果があることを知った。私はこのような方法をなんぴとにも推薦する。このようにして私は半か年の間に英語の基礎的知識をわがものにすることができた。

つぎに私は同じ方法をフランス語の勉強にも適用して、つぎの六か月でそれに熟達した。フランス作品のうちで私はフェヌロンの『テレマコスの冒険』とベルナルダン・ドゥ・サン・ピエールの『ポールとヴィルジニー』*とを暗記した。この不休の猛勉強によって一年間に私の記憶力は強くなり、オランダ語、スペイン語、イタリア語およびポルトガル語の習得が非常に容易になった。これらの言葉のいずれをもりゅうちょうに話しまた書くことができるためには、私は六週間以上を必要としなかった。

大声で多読したためであるか、それともオランダの湿気ある空気の好影響によるのか、ともかく私の胸部の疾患はアムステルダム滞在の第一年間にもはや全快して、のちには再発しなかった。

しかし学業に対する私の熱情のために、私はF・C・クイーン事務所の小使いとしての機械的な仕事をなまけたが、とくに自分はその仕事に適さないと思いだしてからなまけた。その間にあって上役たちは私を昇進さすつもりはなかった。それどころかおそらく彼らは、事務所の小使いにさえ不適当であるとわかった者は、より上級のどのような持ち場にもとうてい使えない、と思っていたのであろう。

ついに私は一八四四年三月一日に友人、マンハイムのルイス・シュトルとブレーメンのI・H・バルラウフとの周旋によって幸いにもアムステルダムのB・H・シュレーダー商会*事務所に通信係兼簿記係としての職をえた。ここで私は最初は一二〇〇フランの*収入でやとわれたが、私の熱心さを認めて、いっそう精励するようにと、さらに八〇〇フランの年加俸を支給された。私がつねにこの商会に感謝してやまないこの恩沢は、事実また私の幸運の基となったといえようか。というのは、私はロシア語を知ればもっと役立つだろうと考えて、この言葉を学びはじめたからである。私が手に入れることができた唯一のロシア語の書物は、一冊の古い文法書と、一冊の辞書と『テレマコスの冒険』のまずい翻訳とであった。またあらゆる手をつくしたけれども、ロシア語の教師を見出すことはできそうになかった。というのは、当時アムステルダムにはロシアの副領事タンネンベルク氏以外には、この言葉を一語でも解する人はなく、その彼は私に授業しようとしなかったからである。そこで私は教師なしで新しい勉強をはじめ、文法書の助けによってわずか数日間でロシア文字とその発音とをおぼえた。ついで私は再び自分の昔の方法によって、短い作文や物語を作ってはそれを暗記した。課題を添削《てんさく》する人がいなかったから、もちろんそれははなはだまずかった。けれども私は『テレマコスの冒険』のロシア語訳を暗記しながら、また実用的な練習によって誤りを避けようとつとめた。もしそばにだれかテレマコスの冒険を話してやれる人がいるなら、進歩はいっそう早いであろうと思えた。それで私は一人の貧乏なユダヤ人を一週四フランでやとった。彼は毎朝二時間私のところにきて、私のロシア語の暗誦を聞かねばならなかったが、彼はそれの一つづりも知らないのであった。

通常のオランダ家屋の天井は多くは一重《ひとえ》の板でできているにすぎないから、時によって、一階にいながら四階で話していることをことごとく聞きわけることができる。そのためにやがて他の間借り人たちは私の声高い暗誦になやまされて、家主に苦情をいい、私はロシア語の勉強中に二回住居を変えねばならないしまつであった。六か月後には、もはや私は最初のロシア語の手紙をモスコウの大インド藍商人M・N・マルティン兄弟のロンドン代理人ヴァシリ・プラトニコフに書くことができた。またインド藍の競売のためにアムステルダムにきた彼やロシア人商人マトヴェイエフやフロロフと、彼らの母国語でりゅうちょうに話すことができた。

　ロシア語の勉強がおわると、私は学んだ諸国語の文学に強く心をひかれはじめた。

　一八四六年一月、商会は私を代理人としてセント・ペテルスブルグに派遣したが、ここでもまたモスコウにおいても同じく、わずか最初の数か月間で私の努力は社長や私自身の最大の期待をもはるかにこえる成功をかちえた。この私の新しい地位はB・H・シュレーダー商会にとって欠くべからざるものとなり、そのために私はまったく独立の状態となると、ただちに私はさきに述べたマインケ家の友人ノイシュトレーリッツのC・E・ラウエに手紙をかいて、私のすべての経歴をのべ、私の名によってすぐにミナに結婚を申し込むことを依頼した。しかし一か月後に、彼女は数日前に他の人と結婚した*という返事を受け取った時の、私の驚きはいかに大きかったであろう。この落胆は私が会うかもしれないあらゆる運命のうちで、もっとも耐え難いものだと当時は思えた。私はとうていいかなる仕事にも手をつける気になれず、病床についた。幼少のときにミナと私とのあいだに起こったあらゆることや、いまこそ輝やかしい実現の可能性がわが眼前にあらわれたわれわれのすべての甘い夢と大きな計画が、たえず心に思いおこされた。

しかしミナの参加なしに、それらを実行するというようなことが、どうして考えられようか。すると、私がペテルスブルグへの赴任前に彼女に結婚を申し込まなかったことに対するもっとも痛切な自責の念さえも私に起こるのであった——がしかし、私はいく度もこう独語しないではいられなかった。そのようなことをしたならば、私はただもの笑いになっただけであろう。とにかくもアムステルダム時代の私は主人のご機嫌に依存しているまったく独立していない地位にある店員にすぎず、そのうえ少しの資産もなかったのだからと。またペテルスブルグでは成功したが、そこでは成功のかわりに完全な失敗さえたしかに私を待っていたかもわからないと。ミナが他の夫のもとで幸福になるというようなことは、私がいつか他の花嫁をもらうことと同じように、私にはありうべきことでないと思えた。どうして無慈悲な運命は、一六年もの長いあいだ彼女を得ようと志して、ようやく得たと思ったちょうどいま、彼女を私から奪いとらねばならなかったのであろうか。われわれがしばしば夢を夢みるのが常であるように、われわれ二人は現実をも夢みていた。われわれはつねにだれかを追いかけて、彼に追いついたと思うそのとき、いつも彼はまたもやすべり逃げる。当時の私には実際にミナを失った苦悩に決してうちかつことはできないと思えた。しかし時はあらゆる傷をいやしてくれる。時はついに私の心にもそのなさけ深い作用をはたらかせて、私もまた失ったものを長年のあいだ悲しみはしたけれども、しだいにふたたび商人としての活動に休みなく専心することができた。

ペテルスブルグ滞在の第一年間に私は仕事のうえで非常な幸運に恵まれたから、一八四七年初めにはすでに大商人として商業組合《ギルド》に登記された。私のこの新しい活動のほかにアムステルダムのB・H・シュレーダー商会との関係は変わらず続いて、約一一年間にわたってその代理人であった。私はアムステルダムでインド藍についての基礎的な知識を得ていたから、取引きはほとんど絶対にこの品物に限定した。

一八四九年初めにカリフォルニアに移住した弟のルドウィヒ・シュリーマンから、久しく音信がなかったので、一八五〇年の春、私はそこへ出かけたところ、彼は死んでいたことがわかった。一八五〇年七月四日この地が州に制定されたとき、私はカリフォルニアにいたが、当日その地にいたすべての滞在者は「事実によって」帰化アメリカ人となったので、私もまた合衆国市民となった。一八五二年の末、私はインド藍卸売のためにモスコウに支店をもうけ、はじめは代理人アレクセイ・マトヴェイエフ氏に、彼の死後は第二級の商人組合の商人級に上げてやった彼の使用人ユチェンコに、その店を監理させた。支配人は決して有用な使用人となりえないとしても、如才のない使用人はたしかに容易によき支配人となることができるからである。

ペテルスブルグにおいては常に仕事が山積していたから、私は語学の勉強を続けることができなかった。しかし一八五四年になってようやくスウェーデン語とポーランド語とを習得するに十分な時間がえられた。

神の摂理は実にすばらしいやり方でしばしば私を守ってくれ、一度ならず私は決定的な没落からまったく偶然に救われた。一八五四年十月四日の朝は私の全生涯を通じて記憶にのこるであろう。時はクリミア戦争*の時であった。ロシアの諸港が封鎖されたので、ペテルスブルグ行きの貨物はすべてケーニヒスベルクとメーメルのプロシア港に船ではこばれ、そこからさらに陸路によって運送されていた。かくて数百箱のインド藍と他の大量の貨物がアムステルダムから二そうの船に積み込まれて、代理店メーメルのマイヤー商会あてに私の勘定で送られたが、そこから陸路ペテルスブルグへ運ぶためであった。そのとき私はアムステルダムにおけるインド藍の競売に立ち会って、貨物の発送監督のためにメーメルへゆく途中にあった。十月三日の夜おそく私はケーニヒスベルヒのオテル・ドゥ・プリュッスに着いたが、翌朝偶然にも私の寝室の窓ごしに「緑の門」*の塔に次のような不吉な銘文が鍍金《めっき》した大文字で輝やいているのを見た。

　　運命の顔は月の姿にも似て移りかわる

満ちあるいは欠け、つねに止まるを知らず
Vultus fortunae variatur imagine lunae:
Crescit, decrescit, constans persistere nescit,

私は迷信深くはなかったけれども、それでもこの銘文は私に強い印象をあたえ、近い未知の不運の前にあるかのような戦慄《せんりつ》にとらわれた。郵便馬車に乗って旅程を続けていたとき、ティルジットのすぐ次の駅で、メーメル市が昨日恐るべき大火災によって灰燼《かいじん》に帰したことを聞いて愕然《がくぜん》としたが、町の手前に着いてみると、その報告は悲惨このうえもない程度に事実であることがわかった。われわれの前には町が、煙で黒くなった壁や煙突がまるで大きな墓石のように立っている巨大な教会墓地のように、またあらゆるこの世のもののはかなさの暗鬱なしるしであるかのように、横たわっていた。なかば絶望しながら、私は煙が立ちのぼっている壊れた家々のあいだにマイヤー氏をさがした。ようやく私は彼を見つけることができた――そして私の貨物は助かったかとの問いに対して、彼はいっさいの答えのかわりになお余燼がのぼっている彼の倉庫を指して、「あすこに埋まっています」と言った。私の衝撃は異常に大きかった。八か年半懸命に働いて、私はペテルスブルグに一五万ターレル*の財産をもっていたが――いまはこの全部を失うであろう。しかしながら私がこの思いにふけっていたのはわずかの間であって、わが没落の確証そのものによって私はふたたび落着きをとりもどした。

だれにも負債がないという意識は、私にとって大きななぐさめであった。クリミア戦争がごく最近にはじまって、取引き状態はまだはなはだ不安であったから、私はただ現金取引きでのみ買っていた。ロンドンとアムステルダムのシュレーダー商会*が私に信用貸しを保証するであろうことは、十分予期してよかったから、私は時さえたてば、損失を回復することができるであろうと、強く確信した。その日の夕方のことだった。私は郵便馬車に乗ってなおペテルスブルグへの旅をはじめる考えで、乗合い客たちに私の不運をものがたっていた。ちょうどその時、まわりに集まっていたひとびとのひとりが、突然に私の名を呼んで、本人だとわかると、「たったひとり、シュリーマンだけが損失をうけなかったのでした。私はマイヤー商会の一番番頭です。シュリーマンの貨物を積んだ船が着いたとき、われわれの倉庫はすでにいっぱいだったので、しかたなく倉庫に接して木造小屋を造ったのですが、そのなかにあなたの所有物は全部ぶじに残っていま す」と叫んだ。激しい悲しみから大きな喜びへの突然の移りゆきは、涙なしには耐えられなかった。私は数分間ことばもなく立っていた。ただ私だけがあまねき破滅からぶじに逃れでたとは。しかし私にはまるで夢のようであり、まったく信ぜられなかった。しかし事実はまさしくそうであった。まことに不可思議きわまることには、町の北部にあるマイヤー商会の大倉庫から火災が起こって、その火がはげしい台風のような北風によってそこから全市にひろがったのであるが、実際にこの嵐は木造小屋にとっての救いになった。この小屋は倉庫のわずか数歩の北にありながら、まったくぶじに残ったのであった。

そこで私は幸いにも災害からまぬがれて残った貨物をもっとも有利に売り、それからクリミア戦争のあいだは資本家たちは大きな取引きに手をだすことをおそれていたから、私は利益をくり返しくり返し運転して、インド藍と塗料と戦時材料(硝石、硫黄《いおう》、鉛)を大規模に取引きして、少なからぬ利益をねらうことができ、一年間に私の資産は二倍以上になった。

私はギリシア語を学ぶことができるのをつねづねもっとも強く渇望していたが、クリミア戦争まではこの勉強にたずさわらないのがよいと思えた。というのは、このすばらしい言語の強い魅力があまりにも私を引きつけて、商業上の関心から私を遠ざけることを、恐れねばならなかったからである。しかし戦時中は商売が多すぎて、私は一度も新聞を読むことができないほどであり、まして書物どころではなかった。しかし一八五六年一月に最初の平和の報知がペテルスブルグにくると、私はもはやわが渇望をおさえることができず、ただちに非常な熱意をもって新しい勉強に手をつけた。私の最初の先生はニコラオス・パッパダケス氏、*ついではテオクレトス・ヴィムポス氏で、ともにアテネの出身であり、後者は今日そこの大主教である。このたびもまた私は忠実に自分の昔の方法を守って、短期間に単語を、私にはロシア語の場合よりもはるかにむずかしそうにみえたものを、わがものにするために、『ポールとヴィルジニー』の現代ギリシア語訳を入手してそれを通読し、その場合私は注意して一語一語をフランス語原本のそれに相当する語と比較した。一回目の通読後には、この本に出てくる語の少なくともなかばをものにし、二度この方法をくり返した後には、ほとんどすべてを学習することができた。この場合にも私は辞書をひくために、ただの一分間も失ったことはなかった。こうして私は六か月という短時日のあいだに、現代ギリシア語の困難さを克服した。ついで私は古代ギリシア語の勉強をはじめたが、それについては三か月で二、三の古典作家、ことに私が最大の感激をもってくり返し読んだホメロスを解することができた。

さて私は二か年にわたって、ひたすら古代ギリシア文学に専心して、この時日の間にほとんどすべての古代古典作家をざっと読んだが、イリアスとオディッセイアとはいく度も通読した。ギリシア語文法といえば、私はただ名詞変化と規則動詞と不規則動詞を学んだだけであって、貴重な時間の一瞬も、文法上の規則の勉強のためについやさなかった。そのわけは、ギムナジウムの八か年を通じて、たしかに時にはさらに長く、たいくつな文法上の規則に苦しめられいじめられたすべての若者のうちで、ただの一人も一見して明らかな数百の誤りをおかすことなしに、一通のギリシア語の手紙も書くことができないことを私は知っていたから、私は学校でとられている方法はまったく誤っていると、かたく信じなければならなかったからである。私の見解では、ギリシア語文法の基礎的知識はただ実地によってのみ、すなわち古典散文を注意して読むこと、そのうちから範例を暗記することによってのみ、わがものとすることができるのである。私はこの最も簡単な方法*によったために、古代ギリシア語をまるで現行語のようにおぼえた。こうして実際に私はそれをまったくりゅうちょうに書き、またどのような題目についてもやすやすと話し、またいつまでもこの言葉を忘れることはない。私はそれが文法書に記入してあるか、否かは知らないにしても、どのような文法の規則も知っている。そしてだれかが私のギリシア語の文章の誤りを発見するとしても、私はいつでもその表現方法が正確である証拠を、私が使った言いまわしの出所を、古典作家から人に暗誦してみせることによって、しめすことができると思う。

この間にペテルスブルグとモスコウにおける私の商売はつねに順調に進んだ。私は商人としては特別に要心深かった。しかし一八五七年の恐るべき商業危機の大恐慌のときには、私もいくらかのひどい打撃をうけたけれども、それとても重大な損失ではなく、その不幸な年においてさえ*も結局はなおいくらかの利益をあげた。

一八五八年の夏、私は、敬愛する友、ペテルスブルグにいたルドヴィヒ・フォン・ムラルト教授について、約二五年の長いあいだ休んでいたラテン語の勉強を再開した。古代と現代との両ギリシア語ができた今は、私にはラテン語はたいした苦労でなく、やがて上達した。*

一八五八年には私が得た資産はもはや十分と思えたから、商売から完全に引退しようと思った。私はまずスウェーデン、デンマーク、ドイツ、イタリアおよびエジプトに旅行した。エジプトではナイル河をヌビアの第二瀑布《カタラクト》までさかのぼった。このときに私はこの好機会を利用してアラビア語を学んだ。ついで砂漠を横断して、カイロからイェルサレムに旅行した。さらに私はペトラ*をおとずれ、全シリアを周遊したが、この長い機会によってアラビア語の実用的知識をえた。この言葉の精密な勉強はのちにペテルスブルグではじめて取りかかった。シリアから帰ってのち、一八五九年の夏には、私はスミルナ*、キクラデス(エーゲ海の島々)、アテネをおとずれて、ちょうどイタカ島にむかって出発しようと考えていたときに、マラリアに倒れた。それと同時にペテルスブルグからつぎのような報知がきた。商人のステファン・ソロヴィエフは破産して、私に対する巨額の借金（一〇万二千銀ルーブル）を二人のあいだの協定によって四か年間に、すなわち年賦で支払うはずになっていたのに、彼は最初の支払い期日を守らないばかりでなく、そのうえ私に対する訴訟を商業裁判所に提出したと。私はただちにペテルスブルグに帰ったが、気象の変化によってマラリアはなおり、また訴訟にもたちまち勝った。ところが今度は私の相手は上級裁判所に控訴した。ここではどのような訴訟も三年ないし四年より早く判決されることはなく、また私自身出席することが絶対に必要であるから、私ははなはだ不本意ではあったが、商取引きを新たに、しかもこのたびは以前よりもはるかに大規模にはじめた。一八六〇年五月から十月にいたるまでに私が輸入した貨物の価格は一〇〇〇万マルクを下らなかった。インド藍とオリーヴ油のほかに、私は一八六〇年と一八六一年には木綿にも非常に大きな商売をしたが、それはアメリカの内乱（南北戦争）と南方諸港の封鎖が幸いして、莫大な利益をえた。しかし木綿があまりに値上りした時、私はそれを中止して、茶の大取引きをしたが、海路によるそれの輸入は一八六二年五月いらい許可された。そのうち一八六二・六三年の冬にポーランドに革命がおこり、ユダヤ人がそこのはげしい無秩序を利用して、莫大な量の茶をロシアに密輸入したために、つねに高率の輸入税を支払わねばならなかった私は、これらの人との競争にたえることができず、そのために茶の商売から身をひいた。そのとき私はまだ六〇〇〇箱を倉庫に持っていたが、それらをようやくわずかの利益をえて手離した。

その後も神はひき続き私のあらゆる商売上の事業にすばらしい成功をさずけ給うたから、一八六三年の末ころにはもはや、最大の規模をもってわが少年時代から抱いていた理想に専心することができると思った。私は商人生活のあらゆる煩雑《はんざつ》のうちにあってもなお、トロヤと、それを将来いつかは発掘しようと一八三〇年に父やミナと申し合わせたこと、とはつねに念頭を離れなかった。もちろんそのときは私の心は金銭にかかわっていたけれども、それは私が金銭をばこの生涯の大目的を実現するための、単なる手段と見なしたからにすぎない。それればかりでなく私はただソロヴィエフとのたいくつな訴訟期間のために仕事と気ばらしとを必要としたから、不本意ながら商売上の活動をふたたびはじめたにすぎなかった。それだから上級裁判所が相手の控訴を却下し、一八六三年十二月に彼が最後の支払いをおえると、ただちに私は事業を清算しはじめた。しかしながら私が考古学にまったく身を捧げて、わが生涯の夢の実現に着手する前に、なおもすこし世界を見たいと考えた。そこで私は一八六四年四月テュニスに旅して、カルタゴの遺跡を実見し、そこからエジプトをへてインドに行った。つづいて順次にセイロン島、マドラス、カルカッタ、ベナレス、アグラ、ラクナウ、デリー、ヒマラヤ山地、シンガポール、ジャヴァ島、インドシナのサイゴンをおとずれ、ついで二か月間中国に滞在して、香港、広東、廈門《あもい》、福州、上海、天津、北京から万里長城にまで行った。それから私は日本の横浜と江戸にゆき、ここから小さな英国船に乗って、太平洋をこえ、カリフォルニアのサンフランシスコに行った。われわれの渡航は五〇日かかり、この間に私は最初の著書『シナと日本 La Chine et Japon』を書いた。サンフランシスコから私はニカラグアをへて、合衆国東部に行き、その大部分を歩きまわった。それからなおハヴァナとメキシコ市をおとずれ、ついに一八六六年の春、今後はながく考古学研究に献身するために、パリに住居をかまえたが、この研究はただ偶発的な短期間のアメリカ旅行によって中絶したにすぎなかった。〃

二　最初のイタカ、ペロポネソス、トロヤ旅行（一八六八―六九）

〝ついに私の一生の夢を実現することができた。その夢とは、私があれほどにも深い興味をいだいた事件の舞台と、英雄たちの冒険によって少年の私を恍惚《こうこつ》とさせたり慰めたりしてくれた英雄の祖国とを、思う存分の時間をかけておとずれるということであった。かくして私は一八六八年四月に出発し、ローマとナポリをへて、コルフ、ケファロニア、イタカ*に行き、イタカでは徹底的な調査をおこなった。〟

イタカでは土地のひとびとはアエトス山をば、その頂上が古代ふうの周壁でめぐらされているために、オディッセウスの城塞だとしている。* ハインリヒ・シュリーマンがいかにこの場所においてまず最初の発掘を決心したか、またいかなる考えでそれをおこなったかを、彼は著書『イタカ、ペロポネソス、トロヤ Ithaka, der Peloponnesos und Troja』のなかで述べている。* 〝アエトスのいただきは水平に横たえられた大石で一面におおわれていた。しかしあちこちに数メートルずつ灌木や雑草でおおわれているのを見ると、ここにも土質があることがわかった。ただちに私は、どこであろうと地表面のようすが発掘できそうな場所であれば、そこで発掘をはじめようと決心した。しかし道具は何も持たなかったから、調査は翌日までのばさねばならなかった。

たえがたい暑さであった。私の寒暖計は摂氏五二度を示していた。私は焼けつくような渇《かわ》きをおぼえたが、水も酒ももっていなかった。しかしオディッセウスの宮殿の遺跡にいるのであったから、私はわが身のなかに感じる大きな感激のために暑さも渇きも忘れていた。私は地形をしらべたり、オディッセイアの詩をひらいてこの場所を舞台にした感激的な場面の描写を読んだり、また八日前にシシリアのエトナの山頂から楽しんだものにおとらぬ、眼前の四方にひろげられたすばらしい展望に驚嘆したりした。

翌日の七月十日、私は海水浴のあと、朝五時ごろ四人の人夫をつれて、宿をとった村を出発した。満身汗にぬれて、七時ごろわれわれはアエトスのいただきに着いた。まず私は四人の男に雑草を根こそぎ抜かせて、それから東北隅を掘らせたが、私の推測するところでは、そこにはオディッセウスがそれで結婚の寝床をつくらせ、またその位置に彼の寝室をたてた、あのすばらしいオリーヴの樹があったに相違なかった（『オディッセイア』第二三書一八三―二四〇）。「もともとそこは中庭囲《かこ》いの中で長葉のオリーヴ樹の木立があって勢よく繁りさかえ、幹の太さは大柱ほどもあるのを囲んで、私が自身、奥殿寝間を造営して、多くの石を運ばせ堅固に積みあげ、ついに完成してから、屋根もよ

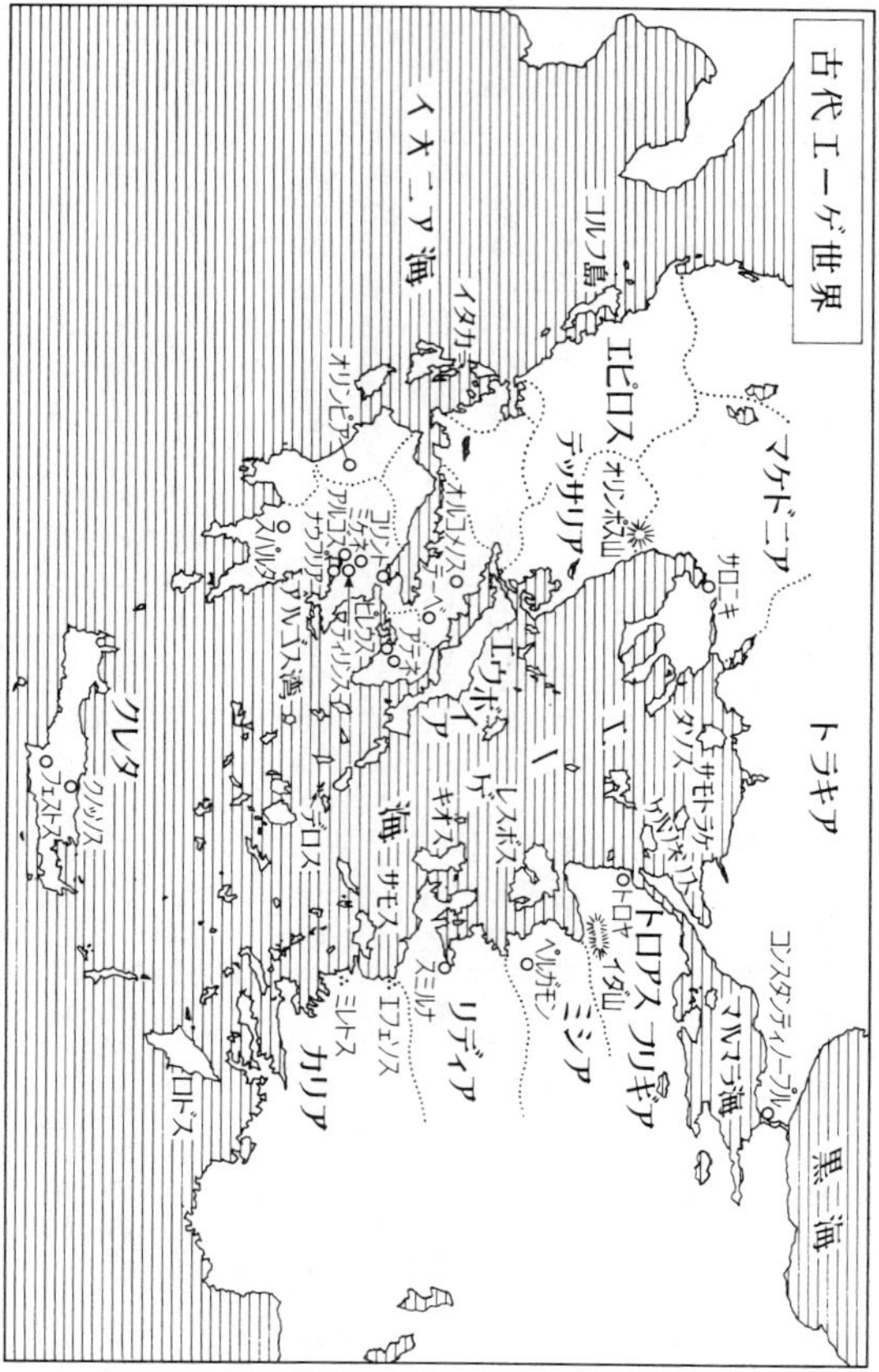
古代エーゲ世界
黒海
マルマラ海
コンスタンティノープル
トラキア
マケドニア
サロニキ
エピロス
テッサリア
オリンポス山
コルフ島
イオニア海
イタカ島
オリンピア
エーゲ海
タソス
サモトラケ
ケルソネソス
トロアス
トロヤ
イダ山
ミシア
プリギア
ペルガモン
リディア
スミルナ
エフェソス
ミレトス
カリア
ロドス
レスボス
キオス
サモス
デロス
エウボイア
オルコメノス
テーベ
アテネ
ピレウス
ティリンス
コリント
ミケネ
アルゴス
ナウプリア
スパルタ
アルゴス湾
クレタ
クノッソス
フェストス

第1図　古代エーゲ世界

ろしく上につくらせ、ぴったりはまる合せ木の扉も取りつけたが。それから今度は長い葉をもつオリーヴ樹の、葉ぞえをすっぱり切り落してから、幹をそっくり根本《ねもと》から(枝を)殺《そ》いで、青銅の刃で上手《じょうず》によろしく削り平らげ、墨縄をもちいまっすぐにして、寝床の柱に仕立てあげた。こうして錐《きり》ですっかり穴をあけ、これを最初の手始めにして、寝台にいろいろ工夫《くふう》をこらし、黄金や白銀、象牙の細工で外部《そと》は飾り立て、すべて仕上げた、また内側は、牛皮紐を、かがやく紅《あけ》の色に染めなし張りまわしたが」

それにもかかわらずれんがの破片と陶片のほかは何も見つからず、深さ六六センチで岩につきあたったにすぎなかった。この岩にはたしかにかのオリーヴの樹の根が入りこんでいたらしい多くの裂け目があった。しかしここで考古学的なものを発見する期待はまったくなくなった。

つづいて私はその隣接地を掘らせたが、私がそこに城壁の一部とおもわれる二個の切り石を発見したからであった。人夫たちは三時間の労働の後に、一つの小建物の両方の下層を掘りだした。そこの石はりっぱにけずられ、白色セメントでかたく接合されていた。すなわちその建築は後代のもの、おそらくローマ時代のものであろう。

人夫がこの発掘をしているあいだに、私は細心の注意をもって宮殿の全敷地を調査したが、一端がわずかな曲線を描いているように見える一つの厚い石を見つけたとき、私は石の土をナイフで取りのぞいたが、この石は一つの半円形になっていることがわかった。私はナイフで掘りつづけた。やがて一方の側に、小石を積んで、すなわち小規模な石垣とともに、一つの円形ができていたことに気がついた。はじめ私はナイフでこの円形を掘りつづけようとしたが、その土は石灰化した骨灰と認められる白色の物質をまじえて、石そのもののように固着していて、私の目的は達せられなかった。そこで私はくわで掘りはじめたが、深させいぜい一〇センチで人間の灰をみたした、一つの美しいしかもはなはだ小さな壺をこわした。私は非常に注意して掘りつづけて、二〇個ほどのめずらしい形をした種々さまざまの壺類を発見した。あるものは横になり、あるものは立っていた。土は固く、また適当な道具をもたなかったから、残念ながら私はその大部分を壊し、わずか五個だけ完全な状態で取りだすことができた。そのうちの最大のものも一一センチ以上ではなかった。そのうちの二個には、私がそれを土中から引き出したとき、実にみごとな絵があったが、日光にさらすと、たちまちにほとんど認められなくなった。その他この小さな家族墓地から、犠牲用の小刀のまがった刃のひどく錆《さ》びたるものと、二つの笛を口にした一女神を表わした陶製の偶像とを発見した。ついで一つの鉄刀の破片、一本のいのししの角、多くの獣骨小片、最後に青銅線を組み合わせてつくった柄《え》を発見した。銘文はたとえ五か年間をかけてさがしても効果のないことであって、残念ながらただの一つもなかった。

これらのものの古さを決定することは困難であるとしても、壺類はナポリ博物館所蔵クマエ出土*の最古のものよりはるかに古いことは、少なくとも確実であると思われる。また私の五つの小骨壺のなかにはオディッセウスとペネーロペー（オディッセウスの妻）あるいは彼らの子孫の骨灰があることは、十分にありうることである。〃このように彼は自分のホメロスを確信し発見者の幸運を確信しているのである。七年後、彼がトロヤとミケネの領主たちの財宝を発見したあとであったならば、彼はイタカの支配者の墳墓はもっと壮麗なはずだと考えたことだろうが。彼はつぎのようにこの日の記録をつづけて、〃五二度の炎熱下、日中の発掘というはげしい労働ほど渇きをおこすものはない。われわれは水を満たした大きなかめ三個と、ぶどう酒入りの四リットルの大びん一個とをもってきた。イタカのぶどう液はボルドー酒より三倍も強いから、ぶどう酒は十分であったが、われわれの水の貯えは間もなくつきて、二回もそれを補給しなければならなかった。

四人の人夫がホメロス以後の時代の家を発掘し終わったと同時に、私も円形小墓地の発掘をすませた。私はたしかに彼らよりも多くの収穫をえた。といっても、彼らは勤勉に働いたのであるから、このために私は彼らをなんら責めることはなかった。そしてこの露《あら》われた地域がふたたび大気の塵埃《じんあい》でみたされるまでには、一〇〇〇年以上かかるかもしれないであろう。*

正午になった。われわれは朝の五時から一物も食べていなかった。そこでわれわれは頂上から約一五メートル下方、一本のオリーヴの樹の下で朝食*をはじめた。われわれの食事は乾いたパンにぶどう酒と水であったが、水の温度は三〇度以下ではなかった。しかしわが味わうものはイタカの土地の産物であり、しかも場所はオディッセウスの館《やかた》の庭の、おそらくは二〇年間不在であった主人をふたたび認めたとき、その喜びのあまりに死ぬ彼の愛犬アルゴスと、オディッセウスとが再会して涙を流したと同じ場所、そして神のような牧豚者がつぎの有名な言葉を語ったその同じ場所であった。

Ἥμισυ γάρ τ' ἀρετῆς ἀποαίνυται εὐρύοπα Ζεὺς
Ἀνέρος εὖτ' ἄν μιν κατὰ δούλιον ἦμαρ ἕλῃσιν.

「つまりは一人前の男の、能力《はたらき》の半分かたを、遥《はる》かにとどろくゼウスさまが奪ってしまうのだ、奴隷の暮しに彼がとりこめられるとなると」(『オディッセイア』第一七書三二二—三二三行)

私は、わが生涯を通じてオディッセウスの館《やかた》におけるこのそまつな食事ほど、大きな食欲をもって食べたことはなかった、というにはばからない。朝食後、人夫たちは一時間半休息したが、その間に私はなたを手にして、何かより以上の発見はないかと、周壁のなかの宮殿の敷地の地形をしらべた。土地のようすから何か発見できそうなあらゆる場所に、人夫にこの地点を発掘させるために、私はしるしをした。二時に彼らは再び仕事をはじめて、五時まで続けたが、なんらの結果もえられなかった。それにもかかわらず、私は翌朝はまた発掘をはじめるつもりであったから、われわれは道具を山上に残しておいてヴァティ*にひき返し、夕方七時そこに着いた。〟

　彼はイタカを踏査して、いたるところにおいて島の地形がオディッセイアの記述と一致することを確認した。そまつなキクロペス式城壁の内部においてエウマイオス*の厩《うまや》を再認し、海岸ではファイアケス人たちが眠っているオディッセウスを置いていったニンフの鍾乳洞*を発見した。彼は「ラエルテスの農場*」に来たときのさまをこのように語っている。

〝やがて私はラエルテスの農場について、腰をおろして休み、『オディッセイア』第二四書を読んだ。イタカの首府においては外国人が来たことさえすでに一事件である。今後もいく人この地へ来ることであろう。私が腰をおろすやいなや、村人たちが私のまわりに寄ってきて、つぎつぎに質問をあびせかけた。私は『オディッセイア』第二四書を第二〇五句から第四一二句まで朗読して、一語一語彼らの方言に訳するのがもっとも賢明だと考えた。亮朗たるホメロスの言葉、三〇〇〇年前の彼らの光栄ある先祖の言葉によって、われわれが集まっているちょうどこの場所で、老いた王ラエルテスが受けた激しい悲しみが語られる*のを聞いたとき、また彼がこの同じ場所で、死んだものと思っていたその愛子オディッセウスと二〇年の別離ののちに再会したその喜びがのべられたとき、村人の感激は限りないものであった。すべての目は涙にあふれ、私が朗読を終えると、男も女もみんな私のほうへやってきて *Μεγάλην χαρὰν μᾶς ἔκαμες. κατὰ πολλὰ σε εὐχαριστοῦμεν* (おまえさんはわしらを大変に喜ばしてくれた。お礼の申しようもありません) と言いながら私を抱擁した。ひとびとは意気ようようと私を村へつれていったが、そこで私をできるだけ歓待しようと、報酬をとろうとはすこしも思わずに、たがいに争うのであった。私は第二回目の村の訪問を約束して、ようやく出発することができた。

ようやくのこと朝一〇時ごろ、私はアノゲ山*(むかしのネリトス)の山腹を歩いて、一時間半ののちにすばらしいレウケ村*に到着した。村人たちはすでに私の来訪を知っていたので、僧侶を先頭にして村からかなりの遠方にまで私を出迎えて、むちゅうになって私を歓迎し、私が全部のひとびとと握手するまで満足しなかった。村に着いたのは正午であり、また私はなおいにしえの町の谷とその城市《アクロポリス》、スタヴロス村とアノゲ頂上にある聖母修道院とを訪ねるつもりだったから、レウケに止まりたくはなかった。しかしひとびとがあまりに『オディッセイア』の一部を朗読するように懇請するので、ついに私も従わざるをえなかった。みんなの人にわかるように、私は村の中央の一本のプラタナスの木の下にテーブルを演壇としておき、大声で『オディッセイア』第二三書の第一句から第二四七句まで朗読したが、このうちにはイタカの王妃、女のなかでもっとも貞潔にしてもっとも善良なひとが、なつかしいわが夫を、二〇年の別離ののちに再認した*しだいが物語られている。私はこの章を今日まで数えきれないほどいく回も読んだけれども読むたびごとにいつも激しく心を動かされるのであった。しかしこの壮麗な句はわが聴衆にも同じ印象をあたえた。すべての人は泣き、私もともに泣いた。朗読を終えるとひとびとはなんとかして翌日まで私を村に止めようとしたが、私はかたくこれをことわった。ようやくのことかろうじて私はこの殊勝な村人たちと別れることができたが、その前に彼らと酒盃を打ち合せ、ひとりひとりと接吻しなければならなかった。〟

感激を胸にいだいて四六歳の人は、ホメロスがうたった場所をこのように遍歴したが、そのホメロスの場所は彼の素朴な感覚では現在の環境のなかに姿を現わすのであった。イタカの後、つぎの目的はペロポネソスのアルゴリス地方に、近接して相ならんでいるミケネの城塞とティリンスの城塞とであった。今もなお三〇〇〇年前と同じように獅子《しし》がその上から見張っているミケネの城門の前で、彼はつぎのようにパウサニアス*の言葉によると、アガメムノンとアトレウスの墓(本書第四章)はこれまで人が考えていたように、ミケネの町の広いほうの城壁の内部にあるのではなくして、城塞の城壁内にあると考えなければならないと。そして彼はこの城壁内は遺物層でおおわれているのを見たが、この層は英雄たちの栄華のあとを、黄金に富んだミケネの財宝*を、かくしているかもしれなかった。しかし彼の興味はイリアスとオデュッセイアとの有名な舞台に引きよせられていたから、このたびはこの課題は後に残してトロヤにいそいだ。彼はピレウス*からコンスタンティノープルに向かって乗船し、そこに着いたその日にダーダネルスにあともどりした。以前にはそこに直行する船がなかった。

当時ひとびとはほとんど一般にホメロスの町イリオスの場所として、ブナルバシBunarbashi 村の上手《かみて》のけわしい丘を考えていた。その丘の側をスカマンデル川が小アジアの西北隅に開かれた一平野へはいってゆく。この推定の理由は、前世紀の末ごろにフランス人の一学者が、イリアスの詩句によるとトロヤの妻女や美しいおとめたちが彼女らのはなやかな着物を洗った、その泉にそっくりあてはまる一つの温泉と一つの冷泉*とをそこにみたと思ったからである。そうしてモルトケ*のような旅行者も、もしよじ登りえない城塞を建てる必要があれば、いつの時代にも人はこの場所に居を定めるであろうと断言していた。しかしこのたびは将軍の敗北であった。

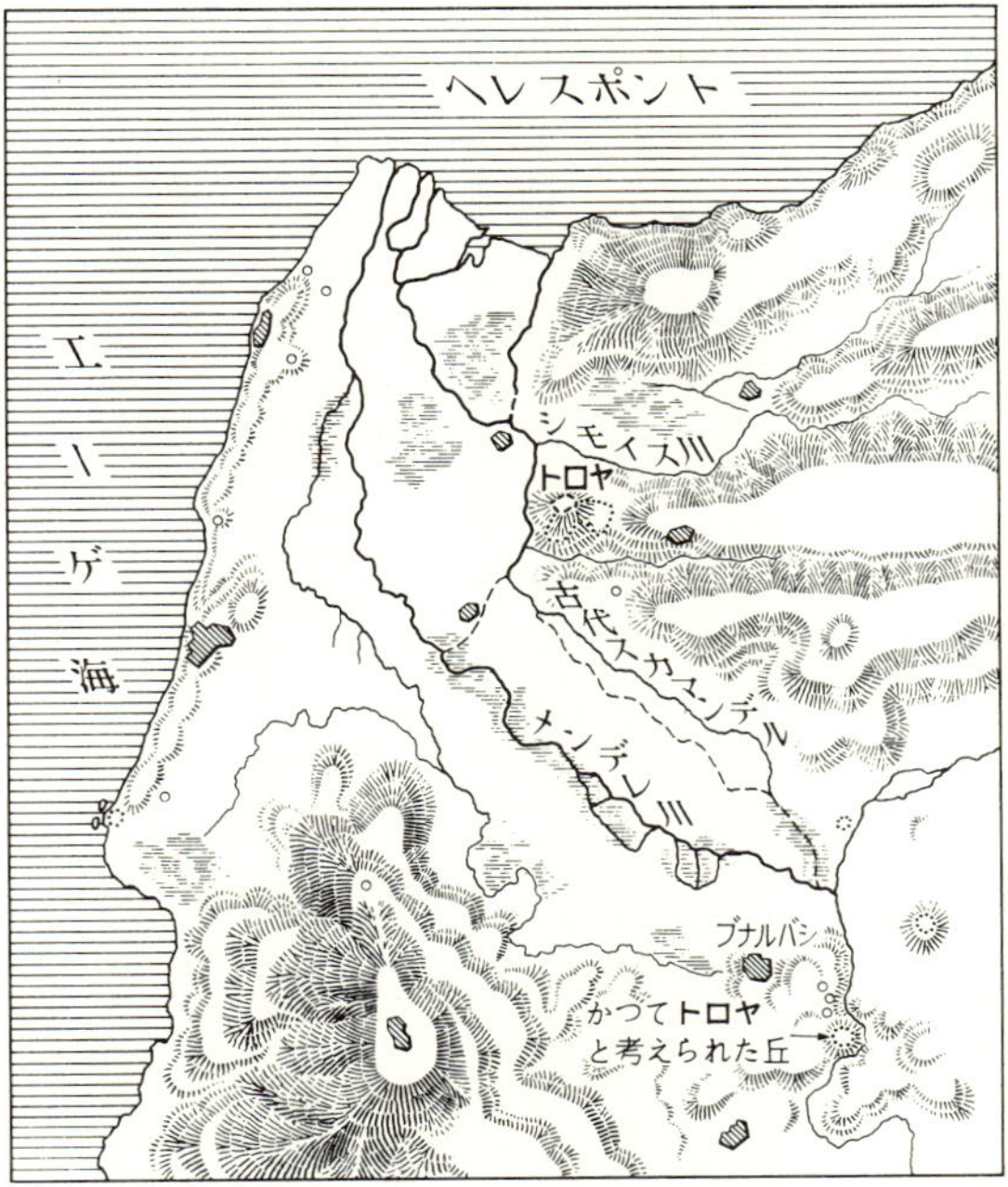

第2図　トロヤ地方の地図

シュリーマンはブナルバシに到着してこう書いている。〃幼少のときの夢にまでその姿を思い浮かべた、トロヤの広い平野を眼前に見たとき、私は自分の感動をばほとんど制しえなかったことを告白する。ただ私には一目して、この地をおとずれたほとんどすべての考古学者が主張するように、もしブナルバシが実際に昔の町の地域内にたてられたものとすれば、トロヤはあまり広すぎ、また海からあまり遠くへだたりすぎているように思えた〃と。この疑念はホメロスにたいする彼の精密な知識にもとづいていた。彼にとってホメロスの言葉は、彼みずからが言っているように、一つの福音であり、それに対する彼の信仰ははなはだ固かったから、イリアスの詩にある場所の描写は、自由勝手にそれらを創造した詩人的空想の作品にすぎない、という学問上の疑念をはじめから無視していた。この人の生涯に新しい内容をみたしたホメロスの描写を、そのままに真実だとする彼の誠実な感激から、彼はうたわれている戦いの事実を疑うことは、自分を鼓舞《こぶ》した詩人の人格の誠実さをも疑うことであると感じた。

ところで、イリアスにおいてはギリシア人とトロヤ人との戦いは船の停泊地からプリアモスの町へとかなたこなたへうつり、その間の距離を一日にいく回も往来している。であるから、シュリーマンは彼のイリオンをば海から三時間もへだたっているブナルバシよりは、はるかに海岸に近い他の場所に求めた。スカマンデル側の斜面はほとんどよじ登りえないような、この丘の城壁のまわりを、アキレウスはどうして三回もヘクトールを追跡*することができただろうか。詳細にこの地域を調査して、そこにあるのは一つの冷泉ではなく、ひとびとがそれと思ったものは、ぜんぜん同じ温度の四〇個のべつべつの泉がある地域であることが明らかになった。しかしこのことを十分確かめるために、彼はここでもまたさっそくにすきをとった。ところがブナルバシの丘の上にある小城壁の内部とその周辺とで発掘をしたが、トロヤと期待される結果をもたらさなかった。

そのあたりの小屋には旅行者が逃げだすような害虫がいるこの荒涼たる地方にあって、どのようにシュリーマンが野営をしたかを、つぎの数行で示すことができよう。〃まず午後五時ごろ私は小さな内城《シタデル》をでて、ひとびとが昔のトロヤの地と考えている全地域を、あらためて南から北へ歩きまわったのち、スカマンデル川にくだり、ただ大麦のパンと川水との夕食をとった。パンは暑さのためにすっかり乾いて、割ることができなかった。それで私はそれを一五分間水中にひたしておいたので、生菓子のようにやわらかくなった。私は満足してそれを食べながら、川の水を飲んだ。しかしながら水を飲むのはやっかいなことだった。私はコップをもたなかったので、そのたびごとに腕に託して、川の上に身をかがめねばならなかったが、腕は泥のなかに腕関節のところまで沈むのだった。けれどもスカマンデルの水をのむことは、私には大きな喜びであり、またいく千人のひとびとがこの聖なる川をながめ、またそこの水を味わおうとして、いかに喜んではるかに大きな労苦にもたえたであろうかと、痛切に考えた。〝英雄たちの戦いがそのあたりに荒れくるったこの川に対する熱情は、彼にとってはむなしい美句ではなかった。彼は後年ヒッサリックにおける発掘のときにも、近くの新鮮な泉を軽蔑して、熱病《マラリア》の発作の再発によって有害なことをみずから体験するまでは、個人用にははるばるスカマンデル川から水をくませた。

ところでブナルバシはトロヤではなかったのである。しかも実は、ヘレスポントからわずか一時間の距離のところに、問題になるすべての地点のなかでもっとも近く海につき出でて、ヒッサリック Hissarlik の低い丘が、すなわちイリアスが記したように*スカマンデルとシモイスの二つの川の谷を分つ台地の最端の支脈が、横たわっている。〝もしひとびとがトロヤ平地に足をふみいれるならば、ただちに彼らはヒッサリックの美しい丘*に目をとめて驚嘆するであろう。この丘は自然によって、城のある大きな町を持つように定められたかにみえる。じじつ、この場所はもしそれがよく城壁で固められるならば、トロヤの全平野を支配するであろうし、これと比較できるような地点は全地方を通じてない。この低い丘から平原や海岸にそうゆるやかにつらなる丘陵を越え、さらに海を越えてサモトラケの聖山*にいたるまでが、また内地のほうはイダ山*にいたるまで見渡される。この上の城塞は、イリアスに述べてあるように（第六書）、平野のなかにきわ立つことになる。ここのスカイア門の歩廊からプリアモスやヘレネーがギリシア軍の隊伍が戦場に波打つのをながめ、またその有名な将軍たちを認めたことであろう。またここから夜の静かさがトロヤ人の凱歌のひびきをば、海辺にあるアガメムノンの幕営にはこんだことであろう。

ヒッサリックの丘の地はダーダネルス駐在のアメリカ領事フランク・カルヴァート氏（Frank Calvert. 後述）が所有していたが、今日もなお約半分は同氏の所有である。この人はトロアス地方に時をみては多くの発掘をしたが、そのうちの一つとして、この丘の今日の広さは後期ギリシア時代とローマ時代の神殿や大建築物の崩壊によることを確証していたのだった。このことからしてここが後世に新設されたイリオン*の場所であることは確実であった。丘の中心にプリアモスの居城があるかもしれない、とはカルヴァートの確信であったが、少数の孤立した学者だけが彼と説を同じくしていたのであった*。シュリーマンはこのことについてみずから研究し、その結果、世に行なわれている、ブナルバシ認定説はしりぞくべきであると確信した。さらに彼はイリアスの場面はただこの場所のみがふさわしいことをおし通し、カルヴァートの意見をとって、一八六九年はじめにだした著書『イタカ、ペロポネソス、トロヤ』のなかにこう書いた。〝ひとびとがプリアモスと彼の息子たちの宮殿に達するためには、ミネルヴァ（アテナ）やアポロ神殿の跡の場合と同様に、この丘の人工的なすべてのものを取りのぞかなければならないであろう。そうした後にも、なおトロヤの城塞はその台地上に相当な広さをしめていることは、たしかに明らかであろう。というのは、オディッセウスの宮殿やティリンスの宮殿やミケネの内城などの遺跡、またアガメムノンの宝庫の跡が英雄時代の建築の大規模であったことを明白に証明しているからである〟と。これまでいかに多くの旅行者がアキレウスとヘクトールとの戦場を見るために、この地方を歩きまわったことであろうか。しかし彼らの探求はこの地域の簡単な観察に、いわば表面にとどまっていたのであった。ホメロスに対する信仰がシュリーマンに、徹底的な発掘こそ必ずホメロスの廃墟をわれらの眼前にあらわすであろう、との確信をさずけたのであった。ここで与えられた大きな課題を解くことが、今後は彼の心を完全にうばうこととなった。

彼は古代ギリシア語で書いた学位論文とともに、旅行報告の一部を故郷メックレンブルクの大学、ロストック大学におくり、それによって哲学博士の学位を授けられた。

三　ト　ロ　ヤ（一八七一―七三）

コンスタンティノープル駐在の合衆国公使の仲介によってトルコ朝廷の勅令をえて、一八七一年十月十一日にシュリーマンはヒッサリックの丘における彼の四大発掘期のなかの第一期を開始した。彼は一八七三年まで――このとき彼としては仕事はいちおう完了したと考えたのであるが――まる一一か月間、ただ冬の寒さと健康に害のある盛夏の暑さとによって中断された以外は、トロヤ発見のために働いた。なおこの期間のなかから、その地方の混血の住民が忠実にまもったギリシアとトルコとの無数の祭日、さらに春秋の雨の日をさし引くならば、彼が四方から丘に掘りこんだ大発掘溝をこのように大規模に進めることができたのは、まったくこの仕事の指揮者たる彼が、自己の根気をば部下の者にも求めることができたからであった。

前年すでに彼はヒッサリックに帰って、くわを入れたことがあった。しかしこの地域を所有するトルコ人の過大な損害賠償要求と、そのうえにその場所がふたたび牧羊地として使用できるように、発掘後はただちに発掘溝を埋めよ、というむりな要求とのために、まず遺物包含層を五メートル掘り、後期ギリシアの城壁を発見しただけで、仕事を中止するほかなかったのであった。

彼はアテネからただひとりで「聖なるイリオス」に来たのではなかった。彼が書いているように〝私はそこへ私の妻、ソフィア・シュリーマンを同伴した。*彼女はアテネ生まれのギリシア婦人であり、またホメロスの熱心な歎美者であって、喜びいさんでこの大事業の遂行に加わったのである。〟彼らは最初トルコ人村のチブラクの一軒の粘土づくりの小屋を宿舎としなければならなかったが、やがてプリアモスの丘(トロヤの丘のこと)の上に二戸の簡単な木造家屋を彼ら自身と監督者たちのため、時にはまた技師や製図家のための住居としてたてた。この丘のふもとには宮殿の城壁がやがて復活するはずであった。この吹きさらしの高所は風が強く、ホメロスがイリオスをばエネモエッサ ἠνεμόεσσα(風の強い)と呼んだのは、決して空虚な形容詞でないことがわかった。冬の日にはトラキアから吹いてくるボレアス(北風)が氷のような寒気をはこんでくるから、彼らは〝トロヤ発見の大事業にたいする情熱以外には、みずからを暖めるべき何物をも持たなかった。〟しかし夏は海からさわやかな微風があこがれの涼気をもたらして、焼けるような暑気にしいたげられた平地と沼沢から立ちのぼる熱い蒸気を吹きはらった。下方には近くのダーダネルス水道を大汽船がまいにち地中海から黒海へと往来しているのにたいして、この上方では、この世界交通から離れて、ふたりの人が古典諸国の最古の歴史の証人をよびさますことに没頭しているのであった。海辺の低い丘陵には塚がみられたが、それらはアキレウス、パトロクレス、アイアスまたトロヤ諸侯の屍《なきがら》の上に名門の同族者が築いたものである。これらの記念物についてもそのなかにあるものがたずねられるはずであった。

太陽がその最初の光をイダのいただきにおくると、丘から一時間ぐらいの距離にある周囲の村々から、さまざまの色の服をきたギリシア人やトルコ人が、徒歩またはろばで集まってきて、発掘主の前に立ちならぶ。彼らの名簿を読みあげることは、ひとりひとりに上機嫌で話しかけて彼らをたのしい気分で仕事に送りだすのに好都合であった。人夫の多くのものは、ゆかいな変わった名を持っていた。それについてシュリーマン自身が言っている。〝私は人夫の名前を全部おぼえることができなかったから、その多少は敬虔《けいけん》らしい、あるいは軍人らしい、あるいは学者らしいようすによって彼らを名づけた。イスラム教の托鉢僧、キリスト教の修道士、巡礼者、分隊長、博士《ドクトル》、教師などと。そして私がそのような名を与えると、彼が私のもとにいるあいだは、その人のよい男はみなからその名でよばれた。こういうふうにして私は読むことも書くこともできない、多くの博士をもった。〟ギリシア人のなかで彼に信頼された者は、アガメムノン、ラオメドン、アイアスのようにひびきの高いホメロスふうの名をもった。多くのみすぼらしいトルコ人が勤務中はパシャ（総督）やエフェンディ（医師）に昇格した。

人夫の数はこの第一回発掘期には一〇〇人から一五〇人のあいだを上下した。彼らの指揮と当面の必要な監督のためには、三人の監督者がいた。しかしシュリーマンは彼らのみを頼りとしたのではなく、彼にすれば仕事は決して十分着々と深所に進んでいなかったから、いつも自分みずから現場にいて鼓舞した。シュリーマン夫人もまた三〇人から四〇人の一隊の人夫にたいする指揮を担当した。そしてとくに困難でまた重要な課題が起こった場合には、すなわち包含層のかたまりから壊れやすいものを安全に引き出さねばならぬ場合には、彼女みずから労をいとわず道具を手にした。湿潤で荒涼としたこの地方を旅行するヨーロッパ人は、すぐに地方全体の注目の的になって、あらゆる問題に対してひとびとは彼のより高い判定を求めにくる。くる日もくる日も失われた財宝をそこの丘にさがしており、またここを支配した偉大な王たちの忘れられていた伝説を、この地方の住民に思いおこさせたこの熱心な夫婦は、どれほど全地方一帯の注意を引きおこしたことであろうか。ネオコリ、エニシェヒル、レンケイ諸村（付近の村々）のひとびとにとってヒッサリックの丘が巡礼所となったのは、ただ好奇心からばかりではなく、「エフェンディ・シュリーマン」が意のままに薬をつかいこなして、病気をなおすその効験あらたかな治療のためであった。ヒマシ油、アルニカ、キニーネ、*この三つのうちの一つはだれにでも、少なくとも村の医術者がどの場合の処置にも使う狂気じみた放血よりは、よくきいた。後年フィルヒョウがトロヤに滞在すると、もちろん医者としてシュリーマンの名声をしのいだ。フィルヒョウみずから『イリオス』の付録のなかに、そこでの彼の経験*を目に見るように描いたのであった。彼は今日もなおトロヤにおいては、「エフェンディ」すなわちイアトロス ἰατρός（医師）とよばれたシュリーマンに対して、「大医者」ホ・メガロス・イアトロス ὁ μεγάλος ἰατρός とよばれている。

シュリーマンは丘のなかに何を発見するつもりであったろうか。一〇年にわたるトロヤ戦争に関する古代ギリシアの伝説が真実であることを、またホメロスはプリアモスの王城を忠実にまた正直に描いたことについてのなんぴとも動かしえない証拠を、シュリーマンは廃墟そのものから文明世界に提出しようと望んだのである。彼の仕事の手はじめは、女王ヘカベーとトロヤの婦人たちが、彼女らの町に女神の恵みをさずかるようにと祈ったイリオス＝アテナの神殿と、*ポセイドンとアポロンがつくったペルガモスの城壁（トロヤの城壁のこと）とを発見しよう、という意図によって決定した。彼はアテナの神殿を丘の中央、すなわち最高所に想定した。そしてポセイドンの城壁は数千年の遺物層におおわれていても、丘をめぐって地盤の上に築かれているはずであった。というわけは、領主の住居がたてられるより以前には、丘に人が住んでいなかった*ことは、ホメロスの言葉から*推論できそうだからである。『イリアス』の第二〇書に、プリアモスの六代目の祖、ダルダノス王の時代にはトロヤ人の種族はさらに内地に、見はらしのよいイダ山麓に住んでいたといわれている。

ヒッサリックの丘はその発掘前には長さ約二〇〇メートル、幅一五〇メートルの楕円形であった。その北方と西方とはメンデレとドゥムブレクスの谷に急に落ち、南方と東方とはこの丘が最端の出鼻になっている台地にむかってゆるい斜面をなして移ってゆく。シュリーマンは最短距離のところで丘を切断すれば、その中央に神殿が発見されると予想したから、この丘の中軸において南から北へ一つの掘割りを作るつもりであった。さて彼が北方からすきとくわとによって広い発掘溝をつくりはじめると、まず深さ二メートルのところで、大きな切り石からなる後期ギリシアの基礎壁にぶつかったが、それはほぼ長さ二〇メートル、幅一四メートルの建物に属するものであった。そのときに発見された碑文によると、それが早くともリシマコス*時代の市庁舎、すなわちブーレウテリオンと思われたが、この領主はアレクサンドロス大王の帝国のうちでヘレスポントにまたがる部分を支配していた。以前からまったく衰微していたイリオンは、彼によってふたたび堅固な周壁をめぐらされ、また周囲の多くの小村の住民が移住してきて、重要な国家としてあらわれた。しかしシュリーマンの不動の目的は地盤上に建てられたトロヤであったから、この後期ギリシア建築の壁を取りこわすのも止むをえないと考えた。

地盤に達するにはどれほど深く仕事を進めねばならないかは、当時の表面下二メートルのところにその口をあらわしていた一つの井戸が教えたという。それは石塊を石灰で接合して造られていたから、まずローマのイリオンの時代のものだとみてよかった。それを取り除いて、壁面が一七メートルの深さに達したところで、はじめて井戸は岩のなかに移るのがみられた。この井戸底からうがたれた一つの小隧道《すいどう》は、この驚くべき深いところに、ほとんど岩地上にもまた家屋の壁が発見されるであろうと教えた。いったい、いかなる歴史をこの城壁はもったであろう。いかに多くの種族があとからあとからとそこに植民しては、滅んでいったであろう。先住者の住居の廃址のうえに、彼らと同じように平野を見おろすこの唯一の丘の有利なることを認めた後世の後継者たちが、その住居をたてようとして。一つの深い神秘がそこの下にひそんでいることは明らかであったが、どのような方法によるにしてもそれをあばくには、はなはだしい労力と資金とをついやさねばならない。しかしその前に畏縮するようなシュリーマンではなかった。〝この困難によって私の渇望はいよいよ増すばかりであった。その望みとは最後には私に明らかとなる大目的に到達して、イリアスは事実にもとづくこと、また偉大なギリシア民族の名誉の栄冠をば彼らから奪うことはできないことを、証拠立てることであった。私はそれに達するために、いかなる労苦もいとわず、またいかなる費用も惜しまないであろう〟と彼は書いた。住居地の遺物包含層の深さを確かめることによって、この丘においてはブナルバシのものとはぜんぜん異なった財宝が、見出されるであろうという証拠がしめされた。

おおわれた地盤に近づいてゆくにしたがって、強い興奮と焦燥《しょうそう》とがこの発見者を支配したことは、諒解されるところであるが、彼はこの地盤によって彼のホメロスについての空想が確実であることとの証拠を求めていたのである。それだから彼はそれのさまたげになるものを取りのぞいた。*人夫たちのくわはヘレニズム時代とローマ時代の建物の土台の下方でしばらくは、ゆるく積みかさねた小石からなる貧弱な建築物の壁にぶつかるばかりだった。そのあたりに散在してみいだされた、紀元前六世紀から四世紀にわたるギリシアの壺絵ふうの絵がある陶片は、仕事はいよいよますます深いところへ押し進まねばならぬことをしめした。

四メートルから五メートルの深さにおいてこの包含層を取りのぞくと、ぜんぜん別種の発見物があった。土壌には陶器の破片がまじっていたが、その陶片にはギリシアのつぼ類の美しく反《そ》った形も色でえがいた文様もなく、単色のままの灰色あるいは黒色、赤色または黄色の陶土を均一におおっている独特の光沢をば、独自の装飾の本質とする壺類であった。これらにはギリシアの陶工が飽《あ》くこともなく民族の英雄物語を表わしている。絵*を見ることはできなかったが、そのかわりにここで発見された容器の作者は、壺全体をとくに珍奇な形につくるのを得意としたのであった。過度に細いくちばし形の頸をもち、多くの場合に単独でなくて、二個がつなぎ合わせてつくられた球形のかめ、発見者がホメロスがしばしばデパス・アンフィキュペルロン δέπας ἀμφικύπελλον*（二つの把手がある杯）とよんだ形に敬意を表わしてそう名づけた二つの突き出した把手《とって》をもった細い杯（第3図参照）、直径ほぼ二メートルの巨大な楕円形の鉢《はち》、さらにそのなかで一人の人夫が現代のディオゲネス*となって快適に野宿できるほどに大きな陶甕、このようにその大きさの点だけでも製作者の能力に敬意を表させるに十分に巨大なもののほか、また可憐な用途のために最上の陶土でつくられたきわめて小さく優雅な調度類（主として種々の壺類）。これらの土器が太古のものであることは、発見層の深さからばかりでなくとも推論された。他の地方の先史時代の発見物のように、その大部分はまだろくろを用いずに手づくねであった。その壺にはまだギリシア人

第3図　光沢ある黒色の杯
（約10メートルから出土）

第4図　陶の壺
（約9メートルから）

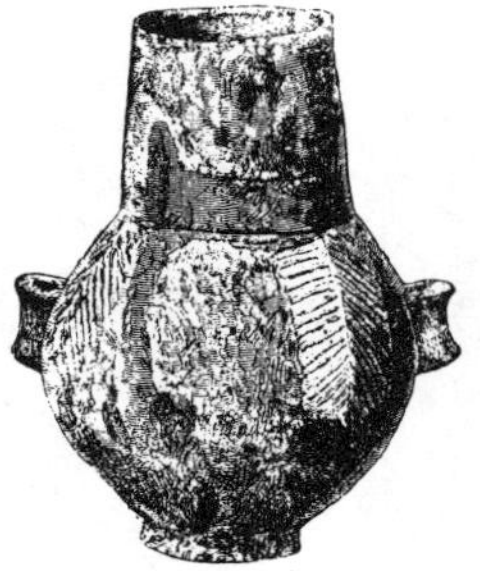

第5図　葉状文を刻文した壺
（約8.5メートルから）

の形態感覚がしみわたっていない。のちになってギリシア人の形態感覚からは、どんなふうに壺類の腹部が独立の一つの脚によって持ち上げられ、また口と把手の線はどんなふうに腹部からのびるかを教えられるのである。ここに見出されるものは粗野な姿をしていた。かめは、すなわち球形の腹部だけで直接地面におかれた。脚がついていても、その形はつけ根のはっきりしない三つの脚を腹部にくっつけたものであった（第4図参照）。また把手は、一塊の陶土を容器におしつけて、ひもを通すためにそれに穴をあけて種々につくりなしたものであった（第5図参照）。しかしまったく粗野であるにかかわらず、すでに形態と彩色との多様性と時々に現われている細心な製作とは、それが高度に発達した民族の文化の遺物であることを証明していた。

それならどのような民族か。科学がこの問題にたいする明確な答えをこの記念物から引きだすことはむずかしかった。というわけは、ここに出現したものは、新奇なもの、まだ聞いたことのないものだったからである。発見者の想像はその解答を彼のホメロスに求めた。彼が発見したかめのうちでもっとも珍奇なものは、その口縁部のあたりにもっとも古風な方法で一対の大きなまるい目と鼻と額の縁《へり》を明示し、ふたは縁《ふち》なし帽子の形を模倣し、つぼの胴部の小さな円盤は乳頭とへそとをしめしているようであった(第6図参照)。ホメロスはふくろうの目をしたアテナとよんでいる。この大きくまるい目をもつ壺は、ホメロスによるとアテナの神殿があった場所で発見された。それでシュリーマンはこれらの壺にふくろうの目をした女神の最古のトロヤ風の像をえたとして歓喜した。細長い大理石小片やスレートの小板の上端に同様に原始的な顔の模写が表わされていたので、彼はこれらは同じ女神の崇拝についての証拠をしめしていると思った。彼はこれらをまったく女神の偶像だと考えたのである。しかしながらこれらの記念物が、ホメロス文化の痕

第6図　蓋のある壺
(フクロウの頭)(約5メートルから)

第7図　陶製の紡錘車

跡を止めているようにみえたとしても、他の発見物ははなはだ難解ななぞを提出した。小さな穴のあいた数千の陶土製の球状のものが遺物層からあらわれたが、それは古代学ではだいたい紡錘車《ぼうすいしゃ》とされているものである(第7図参照)。シュリーマンはその特殊な形とゆたかな刻文についての諸説にしたがって、それらは要するにアテナ、すなわち婦人の仕事の守護神への奉納品だと思った。しかし彼がそれらを発見して、それにおもにアジアの記念物や崇拝に多く使われる「鉤十字《かぎじゅうじ》」*卍の印をみたときに、彼は有名なインド学者たちにならって、紡錘車のまるい穴はわれわれアーリア人の祖先の中心太陽の印であり、その上にほどこした装飾は聖火の象徴だと解釈した。彼の友人であり、当時アテネのフランス考古学研究所所長であったエミール・ビュルヌーフは、最初は文字に似た唐草模《からくさも》様《よう》をばひろく知られていたギリシア=アジア的アルファベットであると説明した。すなわち彼はシュリーマンが発見した、壺の一つに正真正銘の漢字を認めたと思ったのであった。われわれはこの困難な問題にたいして賛否の一言をも述べようとするものではない。ただ発見物が発見者に提供した世界の異様さをしめすために、このことをのべたにすぎない。そまつな石製道具、閃緑岩《せんりょくがん》製のハンマー、アジアの奥地から取りよせた軟玉《なんぎょく》*でつくったおの、燧石製《ひうちいしせい》ののこぎりのような刀、そのほか毎日明るみに出される種々さまざまの道具類は、実際にプリアモスと芸術的才能ある彼の臣下たちの光輝ある国家の遺物であってよいであろうか。

このような疑惑はしばしば発見者の興奮した心に起こったにちがいなかったが、それによって彼が落胆するはずはなかった。この原始文化がはじめて彼の前に現われた時に彼はつぎのように書いている。〝私の要請はこのうえなく謙虚である。彫刻の美術作品を発見することを私は望んでいない。私の発掘の唯一の目的はじつに最初からトロヤを発見することであった。その敷地については数百人の学者によって数百の著書が書かれたが、未だなんぴとも発掘によってそれを明らかにしようと企てた者はなかった。たとえこのことが私に達せられないとしても、わが仕事によって先史時代の闇の奥底におし進み、偉大なギリシア民族の最古の歴史のなかからなんらかの興味ある数ページをみいだして、学術に寄与することができさえすれば、私はそれで十分に満足するであろう。石器時代の発見は私を落胆させたのではなく、かえってそれがために、最初にここに来た人間が足を踏み入れた場所にまで、おし進むことをいっそう渇望させたばかりである。

そうして私自身でなお五〇フィート掘らねばならないであろうとも、そこまで達するつもりである〟と。

彼の発掘溝が包含層の丘に深く切りこむにしたがって、十余メートルの深い地底から調査用の包含層を運びあげることがいよいよ困難になり、高くそばだったゆるんだ土の壁のあいだの底における仕事はいよいよ危険になった。一度は倒壊した土壌のなかに埋まった七人の人夫が、まったく奇蹟的に救われた。灰や他の多くの焼けた遺物をまじえた大きな一つの層(第三市であった)を掘り割ったが、そこには城壁の実在を認めさせるものは何もなかった。石からなるゆるんだがらくたが取りのけられた。そこがペルガモスの城壁であったことは、他の場所でけずってないあらい石塊で建てられたそまつな建造物の存在がわかった時に、はじめて明らかになったといわれる。

丘の短軸において初めはただ北方からだけ開かれていた大発掘溝が、目当てにしたイリオス＝アテナの神殿の基礎壁を現わさなかったとき、シュリーマンはべつの方向からも中心にむかって発掘溝を掘りはじめた。この地区も発掘してさしつかえがないというカルヴァート氏の許可をえていたが、このたびは西北方で仕事をはじめるとまもなく、地表面ちかくで一枚の美しい浮彫板にぶつかった。それは風にひるがえる着物をきて、頭に光輪の冠をいただいた太陽神ヘリオスが、四頭立ての馬車にのって朝に蒼天にのぼっていくさまを表わしていた。ヘレニズム時代に建てられたアテナ神殿の遺物を思われる、この美しい彫刻よりもさらに重要だったのは、南方と西南方でえられた発見であった。南方では人夫たちは山腹中に六〇メートルすすんだところで、非常な厚さで、直接に岩根に立って、やや傾いてもなお六メートルの高さにそばだっている壮大な壁につきあたった。その周辺の瓦礫《がれき》は、この壁がかつてははるかに傲然《ごうぜん》とそびえていたことを証明していた。ゆるく積みかさねた自然石と、それらのすきまをただ土でみたしたにすぎない建築方法は、その建物の地点といい、その周囲に発見されたものといい、最古の時代にふさわしかった。それは左方にも右方にもずっとたどられた。それは地盤上に建てられていたが、もし何かの城壁であるならば、それはペルガモスの周壁、すなわちポセイドンとアポロンとがトロヤ王に仕えて築いたという仕事に相違なかった。いっそうよく城壁の輪廓をあらわすために、一五メートルの高さの

第8図　トロヤ第二市の斜路と城壁

遺物層の堆積を取りのぞいて三〇メートルおし進んだ時、丘の西南で城壁の頂きにのぼってゆく広い堂々とした斜路《ランペ》にぶつかった（第8図参照）。あらゆる古代建築物は最上の建築材料になるから、容赦なくそれを取りこわす土着人たちの貪欲さから、この斜路の大きな敷石《しきいし》をまもるために、キリストがこの道をプリアモス王の城へとのぼっていったという伝説を、シュリーマンは人夫のあいだにひろげた。このきわめて古風なそまつさにもかかわらず、堂々たる昇降路は城門に、さらに城主の宮殿に達するにちがいないということには、多分の真実性があった。そこにいたる道を開けるために、いまシュリーマンがこの地点に集めた数百人の人夫は、焼けた陶土の堆積――それが城壁と城門の上層部の日乾煉瓦《ひぼしれんが》であることはのちに明らかになったといわれる――のなかを掘りわけたが、それによってこの堅固な城塞がかつて大火災によって滅んだ証拠があらわれた。

さてこそ、これが破壊されたトロヤ*であったのだ！　その女を所有するために一〇年にわたる戦いが荒れくるった、婦人のなかでもっとも美しい人が、ここ城門の上からトロヤの老人たちに神の後裔《こうえい》である敵の英雄たちの姿を指ししめした*のであった。ここそスカイア門であった。それについやしたあらゆる忍耐が、たえ忍んだあらゆる労苦が報いられた。彼の力によって現実となりそうにみえる昔の伝説に対する感激が、発見者の胸のなかに凱歌をあげた。この時に彼はつぎのように書いた。〝ギリシア人の剛勇にたいするこの神聖にして高貴な記念碑が、今後永久にヘレスポントを航行するひとびとの目をとらえるように！　そこはきたるべきすべての世代の知識欲に燃える青年にとっての巡礼所となり、また彼らが学問にたいし、ことにすばらしいギリシア語とギリシア文学とにたいして感激せんことを！〟と。さらにつづけて〝それはトロヤの周壁がまもなく完全に発見される機因となるように！　そしてこの櫓《やぐら》と私が北側で発掘した壁もまた当然にほとんど確実にその周壁に連絡しなければならないが、それの発見は今やはなはだ容易である〟と。

まずはじめに彼は城塞の内部を知ろうとつとめたが、そこにはいたるところに火災のあとがあった。さて門の近くで、多くのしかしあまり大きくない部屋からなる一軒の家の貧弱な壁があらわれたとき、それの門に対する位置からして、彼にとってはこの建物こそ、プリアモスの家そのものでなければならないということになった。その家はすでに第二市、すなわち焼けた町の廃墟の上に建てられていたこと、またプリアモスの宮殿はいっそう堂々たる外観をしていたことは、後年にはじめてわかったのである。間もなくこの建物の近くにおける一つの予期しなかった新発見が、その推測を一見実証するかのようにみえた。それは広くひとびとにしられている大量な「トロヤの財宝」であった*（第9図参照）。

第9図

（左上）　黄金の引き手（約8メートルから）

（右）　黄金の耳環（約8-10メートルから）

（左中）　黄金の円板（約5メートルから）

（下）　黄金の腕輪（約8メートルから）

西方の発掘溝は一八七三年五月に、種々の周壁をつき破ったのち、大きなペルガモス城塞の続きにぶつかった。シュリーマンはつぎのように述べている。〝われわれがこの周壁にいどんで、しだいにそれを掘りだしていたあいだに、古い家屋のごく近く、門のやや西北方で、非常に注目すべき形をした一つの大きな銅製品にであったが、それはその背後に黄金がきらめくのをみたと私が思ったほどに、即座に私のすべての注意をひいた。しかし銅器の上には、五フィートは十分にある石灰化した赤色や褐色の廃墟の石のように固い層がおおい、さらにその上にはトロヤ破壊の直後にたてられたにちがいない厚さ五フィート、高さ二〇フィートの城壁がたっていた。私は古代学にとって貴重な発見物を救おうと思ったが、それにはまずそれらを最大至急にまた最大の要心をもって、人夫らの貪欲からまもることが必要であった。それでまだ朝食の休憩時間ではなかったが、すぐさま休憩を命じさせた。いま私の傭い人たちが休憩し食事をしているあいだに、私は大きなナイフで財宝をばその石のように固い周囲から離した。私がその下で掘らねばならない大城壁は、私のう

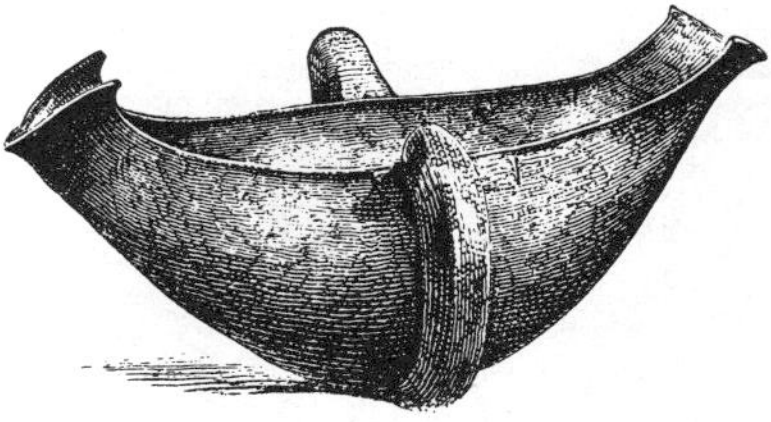
第10図　黄金の杯

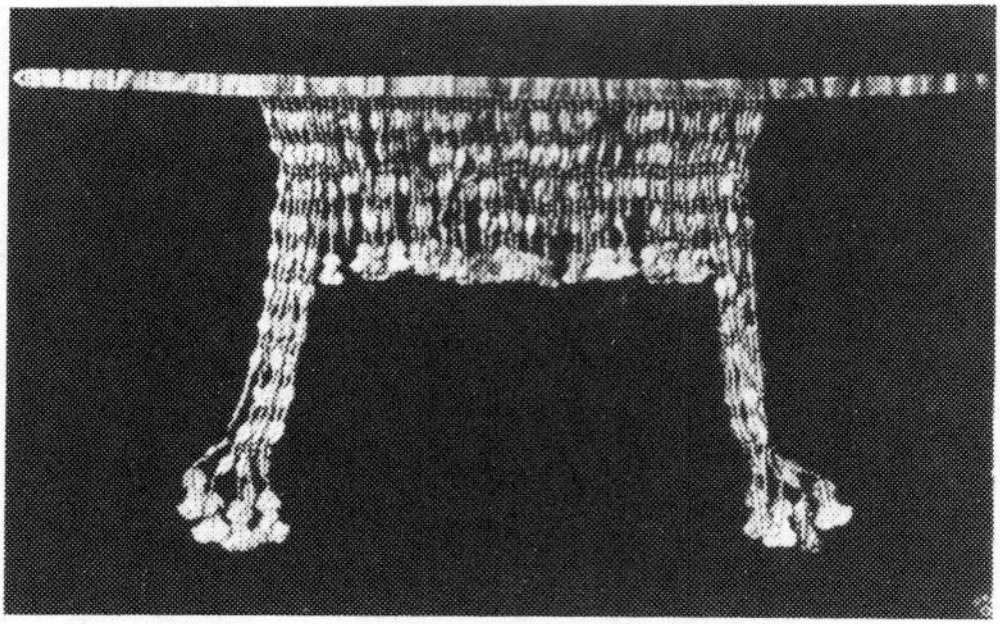

第11図　黄金の王冠

えにくずれ落ちかかっていたから、その仕事は最大の緊張を要すると同時に、このうえなく生命の危険がある冒険であった。しかしそのいずれの一つも考古学にとって無限の価値があるにちがいないおびただしいものを見て、私はむこう見ずになり、危険についてまったく考えなかった。しかしながら、もしそのとき妻の助けがなかったならば、私にとって財宝を取りだすことは成功しなかったであろう。私が仕事をしているあいだ、彼女はそばにあって私が発掘するすべてのものを、彼女のショールにつつんで運ぶのをいとわなかった。〟数ポンドの重さの黄金の杯《はい》、大きな銀製のかめ、黄金の王冠、腕輪、数千の金の小板を苦心してつらねた首輪（第10、11図参照）、それらは真にこの地方の強力な一支配者の豪華な所有物であったのである。

想像力のゆたかな少年時代の夢が、かくも輝やかしく実現されることはほとんどないであろう。かのホメロスがうたっているものを、この発見者は長年の努力ののちに、今こそ手で捕えたと信じた。彼はプリアモスの壮大な城内に泊っていたのであるが、この不幸な国王の財宝をこの王の名によって名づけた。このような成功の後には、満腹感に彼はおそわれた。彼はつねに思っていたように、一八七三年六月十七日に仕事を中止して、発見品をもってアテネに帰った。ただちに彼はそれらの公表に着手し、早くも一八七四年の正月には著書『トロヤの古跡 Trojanische Altertümer』を完成したが、それはだいたいにおいて彼がヒッサリックから『タイムス』に送った報告を編集したものであった。その書には一枚の地図と発掘の光景や発見物をふくむ二〇〇以上の図版がそえられた。

四　ミ　ケ　ネ（一八七四―七八）

ペロポネソス半島にあるアルゴスの谷のもっとも奥まったところ、山ごえでコリントに通じる道が始まるところにミケネがある。二つの巨大な岩*の円頂のあいだのせまい谷間に、見はらしのよい一つの丘の上に領主の城塞がたてられていたが（第12図参照）、それは粗大な石塊からなるはなはだ堅固なものであったから、その城塞はすでに古典時代のギリシア人にはキクロペス族*の超人的な仕事と思われていた。伝説によると、最初ペルセウスとその一族が、ついでこの半島にその名をあたえたペロプスの子孫であるアトレウスとアガメムノンとが、ここから地方を支配していた。*しかし非常な昔、歴史事件を何年とか何十年とかで定めた時代よりももっと以前に、ミケネの栄光はアルゴスの町のために色あせた。王たちの宮殿にあった貴重品という貴重品は、ほこりのなかに見失うほどのわずかの砕片にいたるまで運びさられて、ただその場所をうず高くおおっている無価値なまたこわれた陶器ばかりが、廃墟の上にたてられた小部落の住民がそれに無関心なままに残されていた。諸宮殿の上構はくずれ落ちて、その廃墟は平坦な遺物層の堆積となり、その後数百年してその上に一つのギリシア神殿が建てられた。* ただ周壁の石塊だけは締め金やしっくいで結合されなくても、その大きさと重さのためにあらゆる破滅にさからって立っていた。そして山にうがった丸屋根形にとがった地下の墳墓とともに、今日も昔とかわることなく古風で異国的な豪華をかたる驚くべき証人であった。二メートルあるいはそれ以上の大きさの石でつくられた、このよく結合された城壁は、その発見者がプリアモスのスカイア門をそこにみとめたトロヤの城壁とは、まったく異なる性質のものであった。そこでは固定していない小石塊は、監視されていないかぎりは、現在の住民が容易にそれらを持ち去る危険があったのに反して、ミケネの遺蹟の強大さはいかなる蛮行も破壊することができなかった。いまヒッサリックの最初の仕事を終わるとただちに、プリアモスの居住地の発見に心をうばわれていた彼シュリーマンは、トロヤ王の最大の敵の本陣を、すなわちホメロスがそれをたたえたように黄金に富むミケネ*を、遺物層から解放しようとい

第12図　ミケネと聖イリアス山

う欲求にかりたてられた。

早くも一八七四年二月すえには、ミケネのアクロポリスの上に試験的に竪穴《たてあな》をほり、それによって遺物層の深さの確定に従事しているシュリーマンであった。当時フランス語で書いた彼の日記のなかで、彼は第二日目に陶土製の古風な、牡牛の小さな頭を発見したことを記して、トロヤの蓋のある壺にふくろうの目をしたアテナの顔をひきだしたように、この日にはや〝これらは牛の目をしたユノー（ヘラのこと）の像ではあるまいか〟（ホメロスの句）と自問している。また一日、彼は二人の人夫とともにヘライオンに*、すなわちアルゴスの守護神ヘラの太古の神殿にいった。それについて日記に彼はこのように記している。〝寒気はなはだし。わが二人の人夫のうち一人は熱があって働こうとせず、他の一人もはじめのうちこそ働いたが、寒さのためにつづいて働かず、よって我のみ働く〟と。

アテネに帰ると、トルコ政府がトロヤで得られた発掘品の半分のひき渡しを受け所有することを要求して、彼に対して裁判手続きを起こしたということを知った。この要求に根拠があるか否かは疑わしかった。この発見者はあらゆる空想とともにその辛苦した仕事の結果にも愛着をもっているのに、いま彼はそのなかばをコンスタンティノープルに与えねばならないが、そこには当時まだ整備した博物館の遺物は研究を容易にするとの考えが、現代のように大衆になかったのであった。裁判の経過やそれ以上の交渉によ

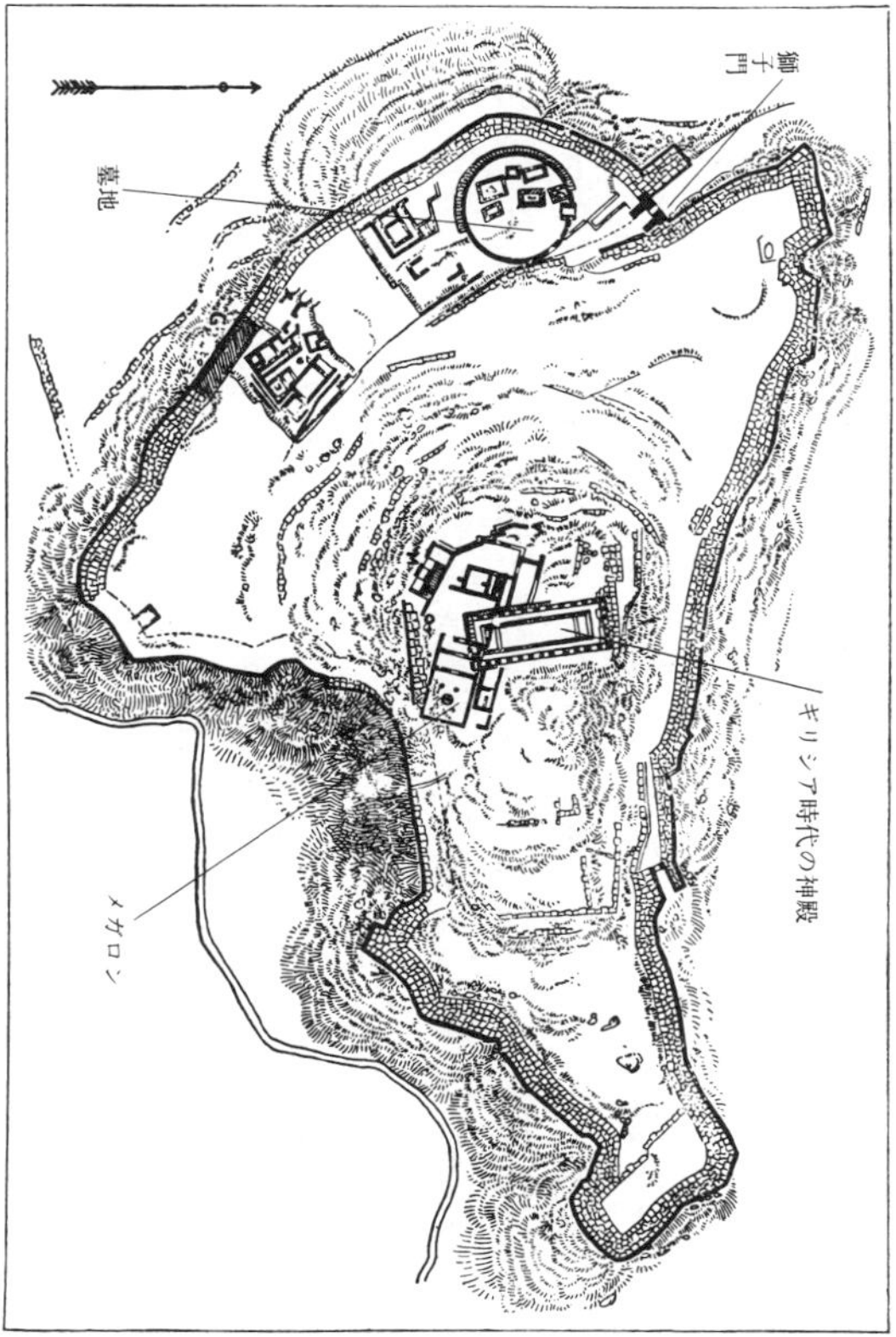

第13図　ミケネのアクロポリス

るトロヤ発掘の続行を彼はつぎのように告げている。〝審理は一年にわたって行なわれ、トルコ政府にたいする一万フランの賠償金の支払いを課するとの裁判所の決定でおわった。この一万フランのかわりに私は一八七五年四月に五万フランを帝室博物館のために使用するようにと文部大臣*に送った。その添え状に、私はトルコ官庁と親善をたもつことを熱望するとのべるとともに、私にとって彼らが必要であると同じく、彼らにも私のごとき人間が必要であろうということを強調した。私の贈与は当時の文部大臣サフヴェト・パシャ閣下にこのうえなく嘉納された。一八七五年十二月の末ごろに私自身でトロヤ研究にたいする新しい勅令をえるために、コンスタンティノープルにむけて思いきって出発してみた。すでにわが尊敬すべき友人たち、アメリカ合衆国代理公使マイナード閣下、イタリア公使コルティ伯閣下、サフヴェト・パシャ閣下、大尚書アリスタルケス・ベイ閣下の有力な支持によって、ことにアリスタルケス・ベイ閣下の不屈な熱心と大なる努力とによって私の勅令の発布が近々のうちに期待されたとき、突然にわたしの請願は議会によってしりぞけられたのだった。

　ところが大尚書アリスタルケス・ベイは、一八七六年六月に暗殺された当時の外務大臣ラシド・パシャ閣下に私を紹介する件を引き受けたが、パシャは五年間シリアの総督をしていたはなはだ教養深い人であった。この人をトロヤとその古物のために熱中させることは、私には困難ではなかった。彼みずから総理大臣マームード・ネディム・パシャ閣下のもとにおもむいて、私のために親切にとりなした。それで勅令をただちに私に手渡す、との総理大臣の命令が定められたのは実際まもないことであった。ついに私が必要な文書を得たのは一八七六年の四月の末ごろで、即刻私は発掘を続けるためにダーダネルスに出発した。しかし残念なことにはここでも私はまた総督イブラヒム・パシャの断乎たる反対にあわねばならなかった。この男は私の仕事の続行を決して承知しなかったが、察するのにその理由は、私が一八七三年に仕事をはじめて以来、私の発掘を見ようとする多数の旅行者に、一種の勅令をあたえねばならなかったからであろう。このことはもはや私の仕事の再開にあたっては、もちろん必要でなくなるものであったが。そこで彼はまだ私の勅令の裏書きを得ていないという口実のもとに、私はほとんど二か月間イブラヒム・パシャのためにダーダネルスで待たされた。ようやくにして彼は発掘開始の許可をあたえたが、イゼット・エフェンディなる人間を監督者として私につけた。彼の唯一の役目はたえず私を妨害することであった。やがて私はかような状態のもとでは、仕事の続行が不可能であるとはっきり見通しをつけた。それで私はアテネに帰って、ここから『タイムス』に手紙を書き(それは一八七六年七月二十四日に公表された)そのなかでイブラヒム・パシャのやりかたを文明世界の批判にうったえた。この記事はコン

スタンティノープルの新聞にもあらわれて、その結果一八七六年十月に総督は他の州《ヴィラエット》に転任を命ぜられた。〃

この報告によるとシュリーマンは一八七六年のなかばまではただトロヤに関する談判に時間を奪われていた、と想像することができる。それにもかかわらず、この間にあってこの不屈の人は全ギリシア本土にわたる旅行をして、あらゆる有名な場所をおとずれ、その時々にその場所の伝説をばこんどはギリシア語で彼の旅日記にしるしている。そればかりか、そのあいまにはイギリス、ドイツ、またイタリアにおいて先史時代の遺物と彼のトロヤ発見物とを比較し、一八七五年十月にはシシリアにあらわれて古代フェニキアの要塞モティエ*において発掘にしたがっていた。しかし紀元前五世紀の出土品は、主としてより太古の時代にむいている彼の興味を満足させなかったから、数日後にはその作業を中止した。一八七六年四月には彼はコンスタンティノープルから来て、マルマラ海にそったキジコス*に短期間発掘をしたが、彼がぶつかったローマ時代の基礎は数日間しか彼をここにひきとめなかった。

前記のシュリーマンの自叙伝のその節は続いている。〃じっさい、もしも妨げなしにトロヤにおける私の発掘を続けることができたならば！　しかし七月末ごろに私はミケネの発掘に再び着手して、こんどは王墓のすべてを徹底的に調査するまでは、これをやめることができなかった。幸いにも私の発掘がもたらした結果が、いかに驚異的であったか、私がギリシア国民を富ましめた財宝がいかに莫大であり、またあざましかったかは、よく知られているところである。未来の果てまでも全世界の諸々の地方から旅人たちが、そこにあるミケネ博物館において*私の非利己的な活動の成果に驚歎しかつ研究するために、ギリシアの首都に集り来るであろう。〟

　この自負した言葉が真実でありまた正当であることには、なんぴとも疑いをさしはさむことはできない。ミケネ諸墳墓の豊富な調度類が発見された方法が、われわれに明らかにされるためには、時にはも少し発見者がその興奮をおさえてくれればと望むひとびとにしても、そうであろう。このことを批判しようとする者は、そこの現場を支配していた諸々の事情をも当然考慮にいれなければならない。

　シュリーマンのミケネにおける仕事は三か所で同時にはじまった。城塞外部の丘の斜面にうがたれた大穹窿墓《だいきゅうりゅうぼ》をば、シュリーマンもギリシアの古代ベデカーであるパウサニアスと同じ様に（ミケネについては第二巻）、ペロプス家の宝庫だと思った。前世紀のはじめトルコのある総督が、よく保存されていた、「大昔のひとびと」の物語がいうところのアトレウスの宝庫（第14図参照）を発掘して、黄金の財宝を発見していたから、シュリーマンはアクロポリス付近のこわれた同じような造営物*をみたしている遺物層の下にも、同様な財宝に

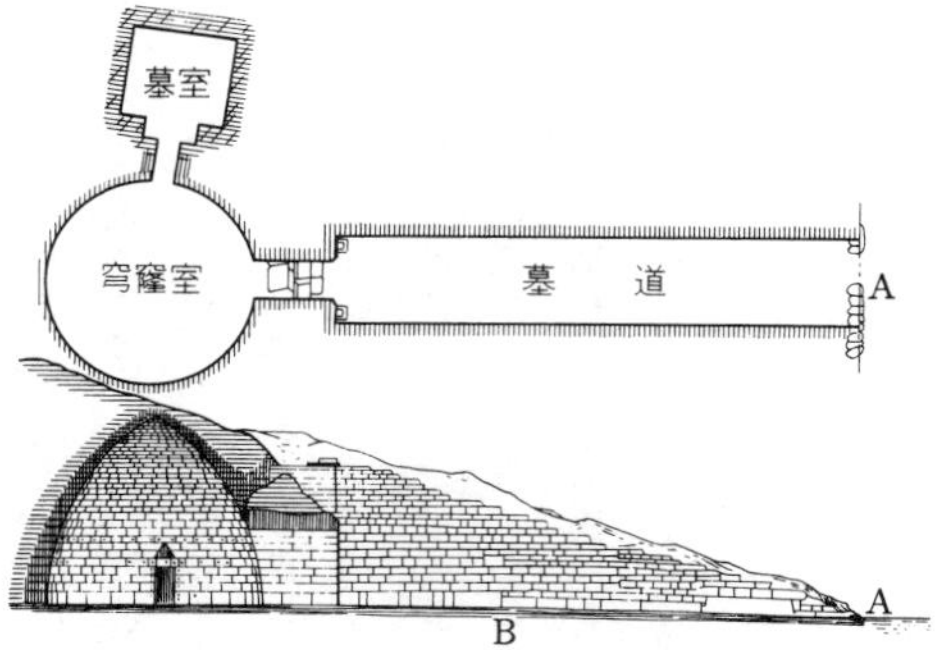

第14図　穹窿墓の構造(アトレウスの墓)

ぶつかるだろうとの見込みをつけた。そこの発掘はシュリーマン夫人が指図した。彼女は内室*の中央を底まで掘らせ、また墓の戸口に至るせまい通路*は後世の造りかえが現われるまで、またその管理をしているギリシアの監督官スタマタキス氏の抗議*にさしつかえないところまで、遺物層を取りのぞかせた。仕事の収穫はことに入口の建築上の細部の発見であった。ついで一つの大きな扉が、豊かに色どられた構築物にはめこまれていた。その両側にはみぞのある灰黒色雪花石膏《アラバスター》製の半柱がたち、それは灰青色の大理石の蛇腹《ジムス》*をささえているが、蛇腹の円盤はこの土地で石造にうつされた木造建築の梁《はり》の頭を写《うつ》していた。蛇腹の上には囲壁のなかにあけられた三角形の空間が赤色大理石でふさがれていた。しかし黄金の財宝はここからはあらわれなかった。この建築物を宝庫とみる考えが誤りであったことは、ある年アッティカにおける発掘によって確定的に認められた。そこの一つの穹窿墓《きゅうりゅうぼ》でまだ人手のふれたことのない屍《しかばね》を発見したが、この屍を壮麗に埋葬するためにこの造築が行なわれたのであった。

第二の課業はシュリーマンがやった。すなわち遺物層のなかにかくされていた城塞の主門を、その上にはギリシア彫刻の最古の作品にふさわしい獅子《しし》が監視をつづけている主門(第15図参照)を、自由にしようとくわだてた。今日ミケネの城塞に旅する人はアガメムノンが出入りしたそのしきいをまたぐのである。

しかしこのうえなく重要でまたもっとも報いられた発見は、獅子門のすぐ背後の発掘であった。すでに一八七四年の試掘によって、シュリーマンは城塞のもっとも低い場所で岩床がもっとも深く遺物層でおおわれていることを確かめた。彼はパウサニアスの言葉によって、領主一族の墳墓は城壁内にありそうだと考えたが、やがて仕事をはじめてまもなく、深さ三メートルから五メートルのところではなはだ古風な浮き彫りをほどこした三個の墓石が発見されると、彼はすぐにこのことばを思い出さないではいられなかった。浮き彫りはさまざまに組み合わせられた渦巻文様《うずまきもんよう》のあいだに戦車に乗った武装の人物が戦いや狩りをしているのを表わしていた(第16図参照)。さらに二個のこの種の墓石を発見したときに、彼はその日記の八月二十七日の項にしるしている。〝これらの墳墓は

第15図　獅子門

パウサニアスがのべたものではありえない。その理由は、彼がミケネをおとずれたときには（紀元一七〇年）、後期ギリシアのこの町でさえすでにほとんど四世紀も以前に消滅していたからである。その当時は町は厚さ一メートルの遺物層となっており、またアクロポリスの低い台地《テラス》はまったく現在と同じように遺物層に満ちていた。かくて墳墓は彼の時代にもまったく今日あるように、遺物層のなかに四メートルから五メートルの深さのなかに埋没していた〟（英文）。同時に彼はつぎのようにつけ加えている。〝しかしながら、アイギストスとクリタイムネストラによって殺されたアガメムノンとその従者たちの墳墓についての彼の叙述*は、彼がすべての墳墓をアクロポリスの外部ではなくて内部に見たことを、はっきりとだれの心にも残すことができる〟と。ところが彼はさらにはなはだ注目すべき多数の陶片を包含する地面の周囲を発掘して、ついに高い石板からなる二重の円形にぶつかった。それは発見された墓石を大きな弧状をえがいてとり囲んでいた*（第17図参照）。

第16図　浮き彫りの墓石

この円形をいくらか掘ったとき、トルコ

↓獅子門

第 17 図　ミケネの円形墓地

政府はシュリーマンにブラジル国王ドン・ペドロをトロヤの遺蹟に案内するように命じた。シュリーマンはそこに一四日間行き、ついでこの高貴の人にミケネにおける彼の発掘をもみせる光栄をえた。この間にあってギリシア考古学会は発見された墓石をカルヴァティ村＊の出土品からなる博物館にはこばせた。墓石がとりさられたとき、シュリーマンは、それらは以前に信ぜられたように岩床上ではなくして、竪穴《たてあな》をみたしている土の上に立っていたこと、またその竪穴は墳墓をつくるために岩に垂直にうがたれたことは、明らかであるといっている。そのような五つの竪穴を掘りすすめ、ある深さのところで埋葬死者へ犠牲をささげるときに祭壇として使われた石敷をとりのけたのち、約六メートルの深さのところでくわが底にぶつかった。そしてその底の五つの墳墓＊のなかにはおとぎばなしのようにおびただしい黄金の装身具をつけたといってよいほどの一五個の屍体《したい》＊が伸展されて横たわっていた。

　これらが領主一門の墳墓だったことは、その装備のりっぱなことからいささかもそれを疑う余地はない。死者の顔をうつした黄金の仮面（第18図参照）が男子たちの顔のうえにおかれ、渦巻文で豊かにかざった黄金板が、その胸をおおっていた。婦人たちの衣服は黄金でごたごたしていた。というわけは、彼女らの三人が埋葬されていた一つの墓（第三墓）には、多くの文様のあるほぼ指の長さの黄金板七〇〇個が見出されたが（第19図参照）、それ

第18図　黄金の仮面

らはまるで鱗《うろこ》のように宮廷の女子の着物をかざっていたにちがいないからである。そのうえ彼女らは黄金の腕輪と（第20図参照）耳輪とまた見事な冠を身につけていたが、それぞれに種々な飾り物がついていた。彼女たちの頭髪には水晶と貴重なガラスでつくった針頭のある大きな留針《ピン》をさし、首には領主たちの生活場面や多くのめずらしい動物図像をほった多数の宝石類をまきつけていた。そのうえに遺族は屍にもっとも豪華な美服を着せることだけでは満足しなかった。そのわけは、死んだ王はただりっぱな風采をしただけで、死者の国に移りゆくべきではなかったからである。それでひとびとは彼が来世における今後の生活に必要とするものをもあたえたのだ。すなわち屍のそばには、貴重な香油やオリーヴ油をいれた陶器や青銅や銀のつぼ、かの黄金をちりばめた笏《しゃく》（第21図参照）、黄金の剣帯のある金銀をたくみに象眼した彼の剣が、墓のなかの領主たちにともなった。そして王女た

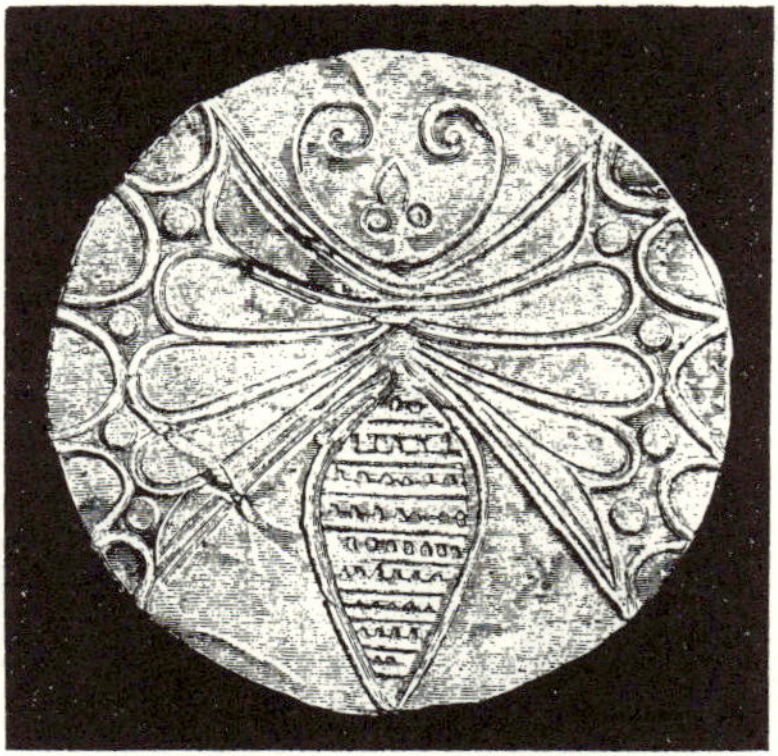

第 19 図　黄金の小板(第三墓出土)

第 20 図　黄金の腕輪(第四墓出土)

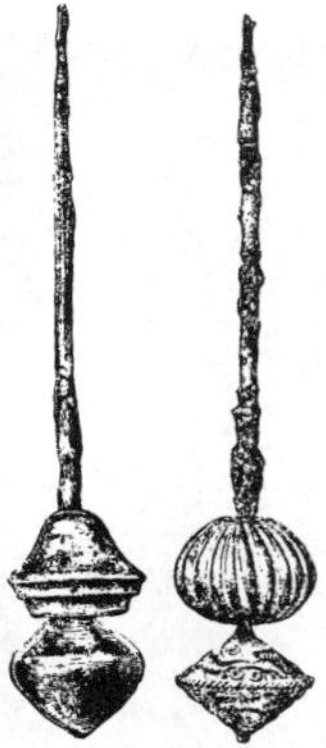

第21図

水晶の握りのある金鍍金した銀の笏(第三墓)

黄金の酒つぼ(第四墓)

ちは金の小箱や黄金の秤《はかり》やいまだ説明のつかない表象《シンボル》をもっていた。

二度までもかの感激が、ホメロスにたいするかの信仰が、比類なくも一つの発見となったのである。トロヤでもシュリーマンは貴金属からなる王家の宝物を発見したが、それらはミケネの多種多様な形態とくらべてなんと非芸術的にみえたことであろうか。トロヤの工匠たちはただ高価な材料だけで、かめや杯を彼らの単純な技巧でできるかぎり大きくまた重くつくりさえすれば、彼らは領主に十分につくしたのであった。これに対してミケネの宝物ははなはだ進歩した文化の、原始民族の開化の程度をはるかにこえた文化の、記念物であった。原始民族にあっては屋内労働には限りがあるから、生活に必要な道具はかんたんな形につくられる。それで、加工された材料はすぐにつぎの目的に使うことができる。ミケネの民はすでに一つの芸術を所有し、またこの所有を誇りとして、その芸術家や工人にはすべての日常用品をば好ましい装飾のゆたかな線のたわむれによってはなやかにかざることが求められた。陶工の仕事はよくととのったかたちの容器に光沢ある色(うわ薬)で、もつれあった線状文、ことに連続する渦巻、それから海藻、貝がら、蝸牛や多足類のようなその特有な正体のために海岸で目につくものを描いた。いちだんすぐれた黄金細工術は進んでより高度な題材にとりくんでいた。彼らは貴族の装身具の一部となっていたあの黄金のうす板に、豊富流麗な文様を押しだしたばかりでなく、刀身をば金銀とエナメルの象眼細工による絢爛《けんらん》潑剌《はつらつ》とした図像をもってかざり、また同じように金の指輪に狩猟や戦闘の光景や神事と思われる解釈しにくい表現を彫ることにも、名匠のように熟達していた。そして国王がその支配のシンボルを望む場合には、彼らは双斧*を上方につけた闘牛の図を貴金属にあらわしたが、その獣体のかたちについての理解と表現の熟達さには、ギリシア美術の最完成期を思わすものがあった。

　またもやシュリーマンは歴史と美術に新しい世界を発見したのであった。このようにぜいたくな王者の豪華は紀元前一〇〇〇年以後のギリシア人にはつねに異様に、すなわちアジア的に見えたであろう。じじつ、発見物の個々のうちには古代ミケネ人と東方*やエジプトとの直接の関係についての証拠となる多くのものがあった。チャールズ・ニュートン*ははじめてシュリーマンに、ロードスの一墳墓から「ミケネ式」壺とともに紀元前一四〇〇年ごろのエジプトの宝石彫刻が発見されたこと、またミケネ自身における遺物層の深さは、ギリシアの地でわれわれが年代を定めることができる、他の最古時代の記念物とはまったく似てもいないほどに、非常な古さに相当すること、について注意をうながした。それは疑いもなくホメロス時代以前のミケネの支配者一族の遺物であったが、その装飾品の多くはまたホメロスの詩のなかに読まれる描写を驚くほど思いださせた。ネストールがわが家からトロヤに持っていった、ネストールの杯の把手《とって》は四羽の鳩でかざられていた*が、墓の一つからは二重の把手の上に黄金の鳩をくっつけた杯があらわれた*。この墓はパウサニアスが見たと思われるものと同じもの、すなわちアガメムノンとその一族のものであったろうか。われわれはさきにシュリーマンの日記から、作業のはじめにはこのような仮定が不当であることは彼に明らかであったと、推定される部分をしるした。というのは、彼自身が言っているように、パウサニアスのころにはこの墓地は深いおびただしい遺物層におおわれていたために、後期ギリシア時代にはこれについての詳細な知識はほとんどあるいはたしかにひとつも残っていたはずがなかったからである。しかしながら、彼が王者の豪華さの目をくらますような光輝を眼前に見たとき、一つの屍*はクリタイムネストラが自分が殺した夫には疎略な埋葬をした、という伝説にふさわしいかのように大急ぎで埋葬されていることが認められると信じた。そのとき、彼の血のなかにある空想力はわきたって、彼の性質はもはや彼が発見した墓はパウサニアスが記述しているのと同じものであることに、すこしの疑いをも認めることができなかった。勝ちほこって彼はギリシア国王に電報をうった。

ギリシア国王ゲオルギオス陛下

驚喜して陛下に報告いたします。私はパウサニアスが伝える伝説が、クリタイムネストラとその情人のアイギストスとによって食事中に殺された、アガメムノン、カッサンドラ、エウリメドンおよび彼らの徒の墓とした墳墓を発見しました。それらは上記の貴人たちに対してのみつくりうる、石板の二重の平行な円形にかこまれています。私は墳墓中に純金製の古風な品からなる莫大な宝庫を発見しました。この宝庫はその一つをもってしても大博物館をみたすにたり、世界最大の驚異となり、またきたるべきいく世紀にわたって全世界の数千の異国の客をギリシアに引きよせるでありましょう。私は学術にたいする純真な愛によって働くものでありますから、わが烈々たる熱情をもってギリシアにそのまま贈るこの宝庫に対して、もちろんなんらの主張を持つものではありません。この宝庫が莫大な国富の礎石となるよう、神のよみし給わんことを。

一八七六年十一月十六日―二十八日

ミケネにて　ハインリヒ・シュリーマン（以上仏文）

十二月に彼はミケネにおける発掘をおわった。ただ彼の技師のドロシノスひとりが翌年の正月に、ふたたびそこに配置図をつくるためにひきかえし、その期間を利用して大墳墓の環状の近くに一つの小規模なしかしはなはだ恵まれた発掘をはじめた。シュリーマン自身は彼がその仕事の経過を公衆に報告していた『タイムス』あての報告を早くおわって、著書『ミケネ Mykenae』に編纂しようとしていた。発見品を彼はギリシア考古学会にゆずりわたして、同会にそれらを集めて一つの美しい蒐集とし、整理させた。それらは写真にとり図に描いて、以後のシュリーマンのすべての著書のようにライプチヒのF・A・ブロックハウス刊行の著書のなかに、信用するにたる姿で写されたから、この著書はトロヤに関する最初の著『トロヤの古跡』にあるやや奇妙なさし絵よりははるかに信用された。この仕事のあいだシュリーマンはそうとう長くイギリスに滞在して、豊富な材料によって研究する必要が生じた疑問やなぞを親切な学者たちと語りあった。この地において詩人（ホメロス）とその伝説とにたいする彼の信仰、またこの自成の人《セルフメイドマン》がえたところのこの信仰から生じた成果とは、もっともさかんなまたもっとも感謝にみちた反響をうけた。他の国（主にドイツ）においては古い伝説の歴史内容を検討しようとする批判の心が強かったために、シュリーマンの発見物に対して慎重な態度をとっていたが、老グラッドストーン*はシュリーマンの求めに応じて序文を書き、そのなかでアガメムノンとクリタイムネストラとの墳墓が現実に発見されたことを証明しようとした。この著書は一八七七年の末に英語版とドイツ語版とが同時に出版されたが*、フランス語版のためにシュリーマンはなお一八七八年の一部分をもそれにかけていた。

五　トロヤ、第二回と第三回発掘（一八七八―八三）

くわとすきとによってホメロスの歌の舞台をあらわすことが、シュリーマンの一生涯の目的であった。伝説でなくて真実のすばらしい歴史が演ぜられたことについての十分な証拠が、いまや彼の堅忍不屈の精神によって提出された。記念物がこのことを証明したのであった。もしもひとたびたてた目的にたいしては瞬時といえども男子の全力をつくさずにはおかぬといった頑固な気質の人が、そのうえにもなお活動を煽《あお》られる場合があるとすれば、このような成功ののちに起こるにちがいなかった。というのは、仕事をはたしたあとの休息と気楽さとはシュリーマンの知らないところであったからである。彼にとってはひとつの事業は、彼の日常生活においても長い休養時間を許さなかったように、つぎからつぎへと他の事業につづいてゆく。そこで彼はミケネの墳墓における仕事が終わると、ただちにトロヤの発掘にふたたび手をつけた。

一八七三年に彼がそこの発掘地域を去るとき、彼は国立学士院《アカデミー》のように彼の成果を熟知した学術団体が、この地においてこれからの探究をひき受けることを希望していた。

しかしそうはゆかなかった。それで彼みずから仕事の続きをはじめたのである。一八七六年に彼に与えられたトルコ皇帝の勅令はわずか二か年間有効であったが、その間に期限はすぎていた。あらためて新しい勅令を手にいれるには多大な困難をともなったが、この間にあってコンスタンティノープル駐在の英国公使オースティン・ヘンリー・レイヤード卿の有力な助力とあっせんとによってえられた。勅令が交付されるまでの時間を無為にすごさないために、シュリーマンはその前にも一度イタカをおとずれて、彼が一〇年前にオディッセウスの町やフォルキスの洞穴またエウマイオスのうまやを発見したと思った（五一ページ注参照）、それらの個所を調査した。

〃一八七八年九月の末ごろ、私は多数の人夫と多くの荷馬車とをもって、トロヤのわが発掘を再開した〃と彼のトロヤ発掘にふたたび着手した時のありさまを書いている（『イリオス』序論第八節）。〃あらかじめ私はじゅうたんで屋根をふいた一軒の木造バラックを建てて、そのうちの九室を私と私の監督者と召使いらのためと、来訪者を泊めるためとにあてておいた。私はまたも一戸の木造バラックを建て、それを無価値な古物の保管用と小食堂としてつかい、さらに一戸の木造納屋はそのかぎをトルコの役人にあずけて、そこをトルコ帝室博物館と私とのあいだに分配すべき発見古物の保管につかった。もう一戸の納屋はすべり荷車、手押し車、発掘に必要な種々の器械、また私の道具類などの保管用とし、これらのほかには台所と召使いの部屋とがある一戸の石造小家屋と、私の一〇人の警官とうまやのための木造家屋の一戸。私はこれらすべての建物をばヒッサリックの西北斜面上に建てたが、そこで斜面は平野にむかって七五度の角度で落ちている。

　みんなルメリア*の避難民である一〇人の警官は、私から一か月四一〇マルク受け取ったのであるが、そのかわり私にもおおいに利益となった。すなわち彼らは当時のトロアス（トロヤのある州名）地方のわざわいであった盗賊から私を守ってくれたばかりでなく、発掘にあたってはわが人夫たちに監視の目をむけたから、そのために人夫は忠実ならざるをえなかった。〃

　作業は一八七三年に大斜路と西南門の上手《かみて》に発見された建物を、いっそう深く掘りだすことに主眼をおいたが、その建物の諸室は貧弱でせまかったにかかわらず、その付近から大きな財宝が発見されたから、これをプリアモスの宮殿そのものだとシュリーマンが思ったものであった（七七ページ参照）。しかし学界や嘲笑家たちからうけた抗議におどろいて、彼もまた、今後は慎重にこの建物を「トロヤ最後の王か支配者の家」*と呼んだとしても、若干の黄金製の小装飾品の発見はさしあたり彼の見解を証明したのであった。冬がせまり十一月末には作業を中止しなければならなかった。シュリーマンは数か月間ヨーロッパにいった。しかし早くも二月末には帰ってきた。ヒッサリックにおける日々の仕事をはじめるために日の出前に帰るように、一時間もかかる海岸に、毎日早朝に警官に護衛されて、海水浴のために馬をはしらす彼には、寒さも暗さもさまたげとはならなかった。一五〇人の人夫によって発掘は着々と進んだ。彼の発見を他人の目で検討してもらおうと、シュリーマンはかつてミケネから一人の学者、すなわちベルリンのルードルフ・フィルヒョウ*を発掘の見学にくるようにと招待したことがあった。そのときは彼の努力は報いられなかった。しかしいま彼が心からの喜悦と満足とを味わったことには、先史時代の発掘地についてのドイツ最高のこの権威者が彼の仕事に好意的な興味をよせて、パリのエミール・ビュルヌーフとともにトロヤにおける作業の客かつ仲間となった。四つの目は二つの目よりはより多くを見る、という古い文句はここに適切に確証された。仕事は二人の学者がもつ新しい観点によって、その広さと意義とを加えた。彼らはトロヤ平野の地質学的性質をしらべて、ヒッサリックの下にひろがるトロヤ平野はトロヤ戦役ののちにようやく生じたという、トロヤの位置についての最古の懐疑者、懐疑哲学派のデメトリオス*の異議を反駁した。フィルヒョウとともにシュリーマンは古代史の記念物に富むトロアス地方をイダ山の頂上までも旅行した。またドイツ公使ハッツフェルト伯が英国公使レイヤード卿と共同でトルコ朝廷に請願書を提出して、トロヤ平野の大きな高塚発掘にたいする久しく待望の勅令をえたことも、またフィルヒョウのあっせんのおかげであった。以前に一八七三年にシュリーマン夫人はいわゆるパシャ丘《テペー》に一つの発掘渠を掘らせたが、そのときには一つの墓も発見されなかった。今度シュリーマンはその付近における小発掘のほかに、無数の高塚のうちでももっとも壮大な二つのもの、ウエーク丘 Ujek-Tepeh とベシカ丘 Besika-Tepeh とに手をつけたが、この二つは海と陸を見はらして、一つは八〇フィート、他は五〇フィートあり、ベシカ湾周囲の高地にそびえて、ヒッサリックから一時間半のところにあった。これらの諸侯の記念物はあまり大きいために、土塊を取りのぞいてその核心を発見することはできそうでなかった。それで数個の垂直の竪穴《たてあな》と水平の隧道《すいどう》とを掘ったが、この危険きわまる仕事にあらゆる労苦をつくしたにもかかわらず、墳墓を発見するにいたらなかった。ウエーク丘の中心部では、多角形《ポリゴナール》の石片*からなる一つの円形の場所に立つ、高さ四〇フィートの堂々たる櫓《やぐら》の壁にぶつかった。どうしても墳墓の実体につきあたらなかったから、これらの丘は古代ギリシアの風習にしたがって死者の名誉のためにたてた仮の墓、すなわちケノタフェであって、その屍は実際には他の場所に埋められているのだ、との見解をたてた。これら周辺での仕事の間も、トロヤでは好成績に掘りすすんでいた。周壁の円周にそって進んでゆき、またかさ高く積んだ遺物層を層序的に清掃して、当時は焼市だと思われていた、いわゆる第三市*をいっそう広範囲にあらわそうとしていた。下からかぞえて第三という理由は、都市の支配者の館《やかた》がある層の下には、丘の上ひろくいっそう古い住居地の城壁があったこと、またこの住居地の下方さらに六メートルの深さのヒッサリックの地盤上に、ともかくも人が住んでいたらしい最古の家址が存続していたことが、しだいに明らかになったからである。

一八七九年七月にシュリーマンはトロヤにおける彼の第二回発掘をおわると、ただちにドイツにゆき、彼の習慣にしたがってすぐに収穫の仕上げにとりかかった。できるだけ早く即刻に刊行するために、彼は三か月間ずっとライプチヒに滞在した。一八八〇年末までの彼の仕事の成果である著書『イリオス、トロヤ人の国土と町、トロアスとことにトロヤの敷地の研究と発見、Ilios. Stadt und Land der Trojaner. Forschungen und Entdeckungen in der Troas und besonders auf der Baustelle von Troja.*』はシュリーマンのはじめの著書、すなわちトロヤについての初期の著作にくらべていちじるしい進歩をしめしていた。あれは新聞紙によせた報告の集成であって、それがために日ごとに変化する作業中に彼の情熱的な心に起こった生《なま》のままの不確かな多くの意見をふくんでいたが、こんどはトロヤ人の都市と国土について古代以来の知られたもの、また彼の発掘活動の総合によって知られたものを、秩序よく総括することにシュリーマンの努力がみられた。かくて彼の誠実な友フィルヒョウは『イリオス』の序言においてこのように言うことができた。「いまや宝《シャッツ》を掘り探す人《グレーベル》から、歴史家と地理学者の記録を久しく熱心に学んだ知識と、詩人と神話学者の空想的な伝承とが調和した一人の学者が生まれた」と。

シュリーマンはこの著書の冒頭に、特異な経歴をもつ人には当然であるように、本書の前にその大部分をかかげた彼の自叙伝をのべ、それについでトロアス地方の地理的状態の概観とその人類学とがつづき、最後にトロヤ市そのものの歴史とヒッサリックの丘におけるそれらの位置についての革新的な詳論がある。その後に地盤上に立てられた住居地から始まるところの層序的順序にしたがって、時間的に整頓された発見物を論じた。いまやシュリーマンは深さ一六メートルの遺物層の山の相かさなる六つの町を区別したが、そのいずれにおいてもまだその家具類が単純であることはその町々が先史時代に属することを示していた。もっとも新しいもの、すなわち第六の町の上にギリシア時代とローマ時代のイリオンがつづいたが、それらの確証はアテナ神殿の諸彫刻のほか、ことに莫大な銘文のある記念物によるものであった。発見物はすぐれたさし絵によって読者が理解しやすいようにされた。こうしてはじめて、意外なまたはかりえないほどの太古にまでさかのぼって、人類の歴史がこの場所にたどられることが明らかにされた。

このような熱情家シュリーマンがわが身を組織的科学的な仕事のやり方にむりにおし

こめようと努めても、やはりなお彼の叙述の様式のうちには、固有な個人の欲望からこの仕事にはいっていった独創的な人間が残っていた。彼のホメロスにたいして彼は依然として真実であり、またホメロスの詩はそれを通して彼がその発見物を観察した、いわばめがねであった。たとえこれらが詩人の時代よりは数千年も古いとしても。彼がその自叙伝において少年時代の最初の印象が彼の生涯の方向を決定したといっているとしても、ひとびとがこの不撓不屈《ふとうふくつ》な性質の人の身になってみれば、ますますホメロスの詩は詩ではなくして真実であることが納得できる。彼の父の物語り以来彼の念頭をはなれなかったホメロス英雄伝説のほかに、北方の故郷の「巨人の墓」で発見されたと同じような、主として原始的な石製また陶製の道具類も彼をこのギリシア・ローマ的な美にみちた土地にひきつけたのである。シュリーマンはホメロスの熱狂者であるとともに、また情熱的な先史学者でもあった。彼は、その把手にふつうのように垂直ではなく、ひもを通すために水平の穴があいている、*そまつな壺を発見すると狂喜することができた。もし蒐集品管理者が、一つの原始的なかめをたしかにより技巧的なローマの容器と同じ棚の上においていることに、彼が不満を感じたとしてもそれは彼にとってはまったく真剣なのである。彼はこのように書いている。〝私はまず類似の壺のうちでブーローニュ＝シュール＝メール*博物館にあるみごとな手づくりの例について述べるのであるが、そこの館長は先史時代の土器についての無知から、それをローマのものだと思って、ローマの陶器のなかにならべていた。それがこの博物館のテラコッタの全蒐集よりも価値があるのに。どうかこの注意が彼にとどいて、価値あるオイノコエ（Oinochoi. 大把手が一つある水差し形の壺）がそれに当然な場所を占めるように実行されることを望む〟と。

この言葉はまた、いかに彼がヨーロッパのあらゆる僻地《へきち》とあらゆる博物館にまでもトロヤの発見物と比較される記念物を求め歩いたか、をしめしている。このような観察のほかさらに、彼のひろい文通とひろい交際とが役立った。自分の仕事の重要さにまったくむちゅうであった彼は、多くの旅行中にその驚くべき語学の才によって、彼の発見物について語りあったすべてのひとびとをおぼえており、またその時にめずらしいと感じたものは、ほとんどすべて記憶していた。それで著書『イリオス』のなかには、彼がトロヤ発見の陶製の大だるについて語った権威者たちのひとりとして、一八七九年七月にキッシンゲンでシュリーマンがあったビスマルク公までもふくまれている。それどころかアシャンティ人からの分捕り品からして、トロヤの紡錘車《ぼうすいしゃ》にみられる鉤《かぎ》十字印の発生について中国から報告をよこした人*もあった。

しかし多数の学者の友人が彼のこの著述の完璧を期するために与えた助力は、これらの偶然的な助力よりもより有益であった。イギリスの古代東方学者セースはトロヤ発見の紡錘車や小さい円筒形にある紋様ふうの多くの刻文のうちには文字と解してよいものがあるか、否《いな》かという難問を取り扱い*、彼はこの問題に肯定の答えをした、すなわちトロヤにおいてはギリシア人が文字を書くことを学んだよりはるか以前に、小アジアに広布していたアルファベットがおこなわれていたことを証明しようとした。それには多くの懐疑者がいたが、一八九〇年の発掘の時に得た、疑いの余地のない銘文のある一つの紡錘車の発見によって、その見解は強い支持を得た。ドイツのエジプト学者ハインリヒ・ブルクシュはシュリーマンの求めにおうじて、エジプト文献において紀元前一千年代よりも以前にエジプトの銘文にあらわれている小アジア種族に関する報告を詳しく論じた*。多年の専門家でありいわばトロヤ地方の住民である、アメリカ人フランク・カルヴァートはシュリーマンの著書のなかに、ヒッサリックから一時間行程にある彼の所有地ティンブラで試みた発掘について報告した*。他のひとびともそれぞれの専門にしたがって他をおぎなっていた*。ことに二人の共同研究者、フランス人のエミール・ビュルヌーフとドイツ人ルードルフ・フィルヒョウ*とはこの著書の完成を助けたが、前者は彼が発掘地域についてつくった見取り図と地質学的研究の結果によって、また後者は自然科学的領域と先史学的領域にしめした深い博識にくわえて、ギリシアの詩と英雄伝説についてシュリーマンと共通する感激と結びついた知識をもって助けた。著書『イリオス』

の序文を書くのに、シュリーマン自身以外には他になんぴともそれにふさわしい人はなかったが、またフィルヒョウ以上にりっぱにそれを書いた人はなかったであろう（両者ともに序文 Vorrede を書いている）。彼のあたたかく美しいことばには、ここでなされた偉大な仕事についての、またそれをなしとげた人についての明確な評価がふくまれていた。そしてことにフィルヒョウの序文は当時にいたってもなお多方面からシュリーマンの仕事を酷評していた軽視と軽侮とにたいして無効ではなかった。

フィルヒョウはつぎのように書いている。「シュリーマンが彼の仕事の最初において正しい予想から出発したか、あるいは正しくない予想から出発したかは、今日は無用な問題である。かの成功が彼を是認したばかりでなく、彼の研究方法もまた真であることが認められた。彼の予想はだいたんすぎたであろう。たしかに勝手すぎたでもあろう。あの不朽の詩の魅力ある描写が彼の空想をあまりにも魅了していたでもあろう。とはいえ、しかしこの性癖の欠点――もし人がしいてこう呼びたいのならば――こそは彼の成功の秘訣をもふくんでいたのであった。確乎たる信念、たしかに空想的な信念に身をささげたひとりの男をほかにして、たれが長年にわたって継続しまたこのように偉大な仕事に従事したであろうか。たれがおのれの財産からこのように莫大な費用をついやして、ほとんど限りがないかにみえた、相かさなる遺物層をば非常な深さにある地盤にまで掘ったであろうか。もしも空想がくわを導かなかったならば、焼市は今日もなお地下のかくれ場にねむっていたであろう。」

ここでシュリーマンが彼の本文の終りにしるしたいかにも彼らしい言葉があってよいであろう。〝私は、昨今学者の注意をひいているとがったくわとすきによる歴史研究が、今後いよいよ発達して、ついには偉大なギリシア種族の暗黒な先史時代のうえにあかるい日の光がひろがることを切望するとの言葉をもって終りとする。とがったくわとすきによるこの研究が、こうごうしいホメロスの詩にえがかれたできごとは決して神話的な物語りではなくて、真実にもとづくことをますます証明するように。またそれによって、すばらしいギリシア古典作家たち、ことにあらゆる文学の輝やく太陽であるホメロスの尊い勉学にたいする愛情が高まりまた強まるように。

いま私は私心のないわが仕事の報告を、あらゆる謙遜《けんそん》をもって学界の裁きの椅子のまえに提出する。もしも私がわが生涯の偉大な目的の達成にたいして有効に寄与したことが、万人に認められるなら、それこそ私にとって最高の満足であり、またわが野心が追い求めてきたもっとも美しい賞与であろう〟と。

〝私のトロヤ古代遺物の大きな蒐集には評価しつくせぬ価値があるけれども、決して

それは売却すべきものではない。もし私が生存中にこれを寄贈していなければ、それはわが死後に遺言の定めるところによって、私がもっとも愛しもっとも尊敬するあの国民の博物館の所有となるべきである。〟このようにシュリーマンは彼の自叙伝に書いたのであった。この言葉において彼が祖国を眼中においていたであろうことは確かでない。彼が他の一切のものに絶望して船の給仕としてヴェネズエラに渡ろうとした当時、彼は祖国に背をむけた。ロシアにおいて彼は財産をつくった。アメリカにおいて彼はその市民となり、また理想主義的な努力と冷静な打算的商才との結合の点では、彼はアメリカ気質と内面的に通じている。古代ギリシアの伝説と文学とに対する情熱が彼をギリシアにみちびいて、ここにいま彼の住居をたてた。イギリスにおいて彼の研究はもっともさかんなかっさいをえて、そこにトロヤ蒐集物は二年以来サウス・ケンシントン博物館*に展観されていた。七〇年代にあらわした彼の著書*ははじめ英語で書いた。いつでもすぐに旅行にでかけたから、シュリーマンはほとんど全世界を家としていた。では彼がもっとも愛し、最も尊敬した国民とはいずれであったろうか。

トロヤの古代遺物が今日ベルリンにあるのは、フィルヒョウがトロヤ記念物のあらゆる問題に通じていたこと、またシュリーマンとこの人とのあいだに結ばれた友情と尊敬のおかげであろう。一八八一年一月二十四日に皇帝ヴィルヘルム一世は寄贈者にその贈与を感謝すると同時に、つぎのように規定した。「上記の蒐集はプロシア政府の監督の下におき、将来はいま造営中のベルリン民族学博物館*の、この尊き展観に必要なだけの特別室内に保管されるべきこと、さらにまたそれの保管にあてた室に永久に寄贈者の名をつけること。ならびに――さらに内閣令にいわく――我は、祖国に対するあたたかい愛着から生まれた、学術にとってかくも貴重な蒐集の寄贈にたいして、心からの謝意をあらわし、さらに祖国の名誉のために従来とかわることなく、君の無私な学術的活動において意義ある奉仕をなしとげることが、君に許されることを希望してやまない」と。そうして皇帝がこの研究者に尊敬と感謝とを証言したばかりでなく、またシュリーマンはその長年にわたる活動の結果を展観した都市から、ビスマルクやモルトケとともにそれの選ばれた名誉市民に列せられて満足した。それ以来シュリーマンはしばしばベルリンに滞在し、彼の著述にこれまでよりも多くドイツ語をもちいた。

六〇歳にもなり、このような活動の成功と成果とののちには、多くの他の人は隠退に満足したであろう。しかしこのことはシュリーマンの性質にはふさわしくなかった。不断になにものかを追求することによってきたえあげられた彼の身体は、年齢による衰弱をうけなかった。生まれつき休むことのない活動欲にみたされていた彼は、そのえた知識とはただ未知なものの新研究への出発点にすぎない学者となったのであった。それだから彼の仕事には終りがなかった。著書『イリオス』の印刷が終わるとただちに、一八八〇年十一月と十二月にはすでに彼は夫人とともにボイオティアのオルコメノスのいわゆるミニアスの宝庫(一三三ページ注参照)で仕事をしていた。

トロヤの場所はこの地以外ではないが、このヒッサリックの太古の歴史がいまこそ十分に証明された。そこにある周壁と焼けた深い層とはトロヤ戦役の歴史的真実性を具体的に証明しているようにみえた。しかしながらこのトロヤはなんと小さなものであったであろう! その最大の広さとてもたしかに二〇〇メートルはなく、またたとえその家屋が六階だてであったとしても、三〇〇〇人の場所はそこにむずかしかったであろう。それにもかかわらず、シュリーマンは著書『イリオス』においてプリアモスの町はヒッサリックの丘に限られていたと主張した。それでたとえホメロスが聖なるイリオスをたたえて、道幅広く整える町としていても、この詩人は彼の時代にはとくに遺物層のなかや後の住居地の下に埋没していた事実をば、伝説的にまた詩的自由によって誇張したのである、とシュリーマンは結論した。著書『イリオス』の出版後、もっともはげしい批判がおこったのはこの点であった。かつての領主の家が今日のトルコの百姓家のようにみすぼらしかったとは、ひとびとは信じたくなかったのである。シュリーマン自身もやがて彼の考えに動揺をきたした。これまで彼がすきをおろした場合、ホメロスの言葉にたいする彼の信頼があざむかれたことは一度もなかった。そこで一八八二年に十分な確信のもとに新しく人夫を募集して、ヒッサリックの丘の隣接地域をこれまでよりも注意深く探索して、プリアモスの町の姿に彼流のホメロスにふさわしい広さを与えようとした。彼はその前年にトロヤ人の他の居住地をこの地方において発見しようという計画をいだいて、そのために数週間にわたってトロアス地方の全域を旅行したことがあったが、ヒッサリックにあるような遺物層の深い堆積のしるしはどこにもありそうにみえなかったから、トロヤ以外では大規模な発掘を断念した。

一八八二年をもってシュリーマンの仕事とその仕事の成果とはことなる姿をしめした。いまやトロヤとミケネの財宝発見者として讃美されたシュリーマンが、自分の研究にふくまれた欠点を認めたことは、彼の学問的な洞察力をしめすことにもっとも美《うる》わしい証拠であろう。たしかに彼は、紡錘車のように数の多いものであろうと、石斧《せきふ》や偶像のようにそまつなものであろうと、あるいは幸いにも彼が手にいれた王家の黄金製財宝に属するものであろうと、いやしくも遺物層からあらわれてきたものはうむことなく蒐集し、また個々の発見物の意義とむかしの用途を解明することにも努力していて、この場合にはフィルヒョウその他の忠実で信頼できる助言者があった。しかしながらなにか欠けるものがあった。先史時代記念物の学問は他の場合ではたいていは散在するかんたんな墳墓から知識をくみとる。しかしここのトロヤには堅固な城壁のある大きな造営物があった。そしてそれの成立とかつての外観とを確証するためには、建築家の仕事が必要であった。シュリーマンの幸運と人を知るの明とをとくにいちじるしくしめしたのは、この困難な課題をとくのにふさわしい人を見つけだすことができたことであった。

オリンピアにおけるドイツ帝国の発掘*は一八八一年に終わったが、それは用いうるあらゆる手段によって調査され、また建築家と美術史家と文献学者とが協同して出土品をしらべた、ギリシアの地における最初の大発掘であった。ヴィルヘルム・デルプフェルト*はベルリンで建築家の国家試験を終えると、この仲間にくわわり、五か年にわたってアルティス(オリンピアの神域)における仕事について修業して、古代建築物の理解に対するその眼識をみがいていた。シュリーマンは以前にトロヤの発掘にあたっては故郷ウィーンの学士院賞をえて有名であったウィーンの一建築家と関係を結んでいた。彼が自分の仕事にある欠陥をみたすことにいかに熱心であったかは、一八八二年のはじめにデルプフェルトがドイツ考古学会の建築家としてアテネに来ると、さっそくこの人をも新しい発掘にひきいれたことが、それを証明している。

それは一八八二年三月から七月までつづいた。またもやおびただしい先史時代の調度品が遺物層から引き出されたが、おもな収穫は発見された諸建築を明らかにしたことであり、それは建築家の共働によって導きだされたのであった。デルプフェルトの老練な目は「町の支配者の家」の壁は、かつては大周壁によって防護されていたあの城塞の焼けた堆積の上に建てられていたこと、いいかえると下からかぞえて第二「市」が焼かれた町であって、これまでシュリーマンが信じていたように第三市ではなかったことを認定した。* 前にものべたように、丘の上にはいく度もいく度もひとびとが住居をつくった。そしてそのたびごとに、後の建築物をたてるためにじゃまになれば、以前の家々をばこわして取り払った。それだから今日では一見迷宮に似てみじかく斜にはしる基礎壁が網の目になっているのである。しかし遺跡を注意深く清掃し測量してみると一つの建物のプランが別の建物の遺構よりももっと深くに浮かんできた。迷宮のなぞは、時間的空間的にあいついで建てられた建物の層序をプランの上で切りはなすことによって解かれた。周壁内には間口がせまく奥行が深い幾多の大きな同一プランの建物が相接して並んでいたが、そのうちで周壁の中央にあるもっとも大きくもっとも堂々たるものが、他の建物とならびながらも断然それらを圧していることがはじめてたどられた。また諸建築はつねにくり返されるプランであって、前室とその背後に大きな長方形の神室のような室をもつプランは、もっとも簡単なギリシア神殿をおもわせた。* しかしそれらの建物にはまだ円柱はあらわれていなかった。* 加工した石はただ敷居と壁の外側に突き出た部分とに使われているにすぎなかったが、その壁の部分では加工した石が乾燥した混砂粘土《レーム》ででき た壁の上張りがわりの腰張り板に使われていた。屋根はかたくたたきかためた泥でつくってあった。

それだから建物は材料の点からは百姓家じみた簡素なものにみえたにちがいないが、その広い部屋部屋、見はらしのよい丘の上の位置、それらを保護している強固な周壁は、その所有者であった領主一族の尊大な言葉をかたりその権勢をものがたっていた。このプランがギリシア神殿と全般的に似ているために、この建物もまたさしあたり神殿であるようでもあった。しかしティリンスにおいてと同様にそれが支配者の宮殿であることは、ティリンスの発掘によってはじめて明らかになったのである。とはいえ、この大規模な結構が証明されて、トロヤの繁栄時代には丘の上に民衆の住居のための余地がなかったことだけは、今ではすこしも疑えなくなった。それだからたとえ時の手による破壊や後世の植民または耕作作業のために、一軒の家も残っていなくとも、市民の家屋のために下町が存在したにちがいない。そして実際に丘の背後の台地を精査すると、深い遺物層のなかにはなはだ古い陶片が多数見いだされたから、この地帯もまた広範囲には、また城塞から遠距離までは発掘されていなくても、この場所に下町がかつて存在したことは信じないわけにゆかなかった。丘の上には大きな町の城塞だけが、ホメロスがいったように、イリオスの町のペルガモス(城塞)だけがあったのであって、彼が道幅広く整然とした聖なる町とうたっても、決して詩人的誇張のそしりはあたらなかった。

このようにシュリーマンは彼の建築家たちの助力によって、掘りかえされた土のなかから一つの新しい財宝をひきだしたのであるが、それは一八七三年の黄金の諸容器にくらべて価値の劣るものではなかった。それはただ紙上に、すなわち配置図に、あらわれたにすぎない財宝であったけれども、それによって信じられないほど太古の建築方法のうえに明るい光がなげられたことをおもうと、それはこのうえなく重要な発見物であった。

この発掘遠征中にもまたシュリーマンはヒッサリック以外に試験的発掘をこころみた。それによって彼はふたたび多くの英雄たちの墓を発掘しようとくわだてたが、その一つはダーダネルス海峡のかなたトラキアのケルソネソスの先端にある、いわゆるプロテシラオス*の塚であった。ここでもまたトロヤと同じ土器に出あったことは興味をひくことであった。しかし残念ながらここでは付近にあるトルコ要塞の司令官が中止を命じ、また自分はその場にいずに自費で仕事を継続しようという、シュリーマンの申し出にも彼が応じなかったために、発掘はやがて中止された。

一八八二年の発掘の大きな結果は、トルコ文部大臣が監視のために任命した監督官との戦いのなかにえられねばならなかったとき、その価値はいっそう高いものである。砲兵監は、シュリーマンの発掘の目的はヒッサリックから一時間をへだてたダーダネルス海峡の諸要塞の配置図をうつすことであると、自分の頭ででっちあげた。それで発掘中に測量器械の使用を禁じたばかりでなく、監督官はこういった。「自分も監視人たちも建築家が測量をやっているのか、記録をとっているのか、あるいは製図をしているのかを区別することができない」と。そのために彼は発掘中は何かをしるし、また画くことを禁止し、シュリーマンが言ったように、もし建築家たちがこれに違反するならば、ひっ捕え鎖をつけてコンスタンティノープルに連行すると、つねに建築家たちをおびやかした。あらゆる学術的目的の宣誓も、ドイツ大使館のあらゆる抗議も砲兵監のがんこさにたいしては無効であった。ビスマルク公の代願でさえも使命をわずかに軽減させることができたにすぎなかった。この年の末に発掘が終わったのちにようやく、コンスタンティノープル駐在大使フォン・ラドヴィッツ氏が、トルコ皇帝に個人的な許しをえることができて、必要な配置図をあとから完成することを許された。一八八三年はじめに著書『トロヤ Troja』は配置図をもってかざり、A・S・セースの序言をそえて出版され、そのなかにシュリーマンは発掘遠征の成果を集成した。

六　ティリンス（一八八四―八五）

ミケネから二、三時間くだると、平坦な海岸ちかくに細長くのびたひとつの丘*が、広い山ぞいの平野のなかに隆起している。その上にティリンスの支配者の居城があった。丘をめぐる周壁はミケネのものと同じように武骨な威厳をしめしている。これについても古伝説は、伝説上の王プロイトス*の命をうけてキクロペス族がつくったと説明していた。そしてまた伝説によると、ティリンスはミケネに近接していたために、やがてミケネに従属するようになったが、ティリンス人であるヘラクレスはミケネのエウリステウス*王に仕えたのであると。そしてついにミケネがアルゴスの支配者に屈服すると、ティリンスの城塞もそれと荒廃の運命をともにした。このように長く続かなかった事情のために、ここティリンスではつねに新しく改築されては植民されたトロヤの城塞よりも、はるかにはっきりと紀元前一〇〇〇年代の領主の居城の姿をしめすことができた。

さきにシュリーマンは一八七六年八月はじめに一週間にわたって城塞のある台地を発掘し、その後でミケネに彼の幸運を試みたのであった。彼は二、三の建築の跡にぶつかったが、その価値は前章にしるしたトロヤ発掘の結果によってようやく彼に自覚されたものである(一二二ページ参照)。彼は『トロヤ』のドイツ語版と英語版を完成したのち、また『トロヤ』と『イリオス』の二著を一冊にまとめて同じく『イリオス』という書名のフランス語の著書をしあげたのち、一八八四年三月ティリンス全体の発掘に着手したが、それに対してはかねてからギリシア政府の許可が与えられていた。仕事の建築学的な方面にたいしてはふたたび彼はデルプフェルトの助力をまった。この発掘は一八八四年と一八八五年にわたり、後の年にはシュリーマンの委託をうけてデルプフェルト一人でおこない、前後合計四か月で終了した。シュリーマンはティリンスから一時間へだたったナウプリアの町*に住んでいた。このあくまでも実際的な人間がどのように生活し、またそれをどのように描いているかを、著書『ティリンス』の序文のなかで読むことは興味深いことであり、また処世の教えともなることである。

そこにはつぎのように記されている。〝私の習慣としてつねに早朝三時四十五分に起床し、熱病《マラリア》予防のために四グラムのキニーネを一服のみ、つぎに水浴をした。一日に一フランをうけると私の船夫は、朝正四時には必ず港で私を待って、ひろびろとした海に私をつれてゆく。そこで私は海に飛び込んで五分から一〇分間泳ぎまわった。その男ははしごをもっていないので、私はいつもかじをよじのぼってボートに再びのらねばならなかった。しかし長いあいだの習慣がこの動作の練習となり、いつもあやまちなくできた。水浴後、私はいつも早朝から開いているコーヒー店「アガメムノン」で、一杯の牛乳なしの苦いコーヒーを飲むのであった。他のすべてのものが非常に高くなったにもかかわらず、この店ではまだいつも一〇レプタ、*すなわち八ペンニヒという昔のままの安価で売っていた。すると一日に六フランでやとっていた一匹の良馬が、コーヒー店で用意ができていて、私は気持よく二五分の速歩で馬を駆ってティリンスに到着することができた。そこへはいつも日の出前についた。それからすぐにデルプフェルト博士を迎えに、馬を送りかえした。われわれの朝食はいつもは人夫たちの第一休憩時間中に、すなわち朝八時に、ティリンスの古い宮殿の一本の柱礎の上にすわってとったのであるが、それはロンドンの友人であるJ・ヘンリー・シュレーダー商会が送ってくれた豊富な食料品のなかにあるシカゴ・コーンビーフ、パン、新鮮な羊乳のチーズ、二、三個のネーヴル、樹脂をまじえた白ぶどう酒（レツィナト）*とであった。この酒はにがいからキニーネとよくあうわけである。人夫たちの第二休憩時間中は――それは昼の一二時にはじまり、はじめはわずか一時間、のちには酷暑がはじまったために一時間四五分にのばされたが――その間はわれわれもまた休息した。そしてこの時には城塞の南端にある脱穀場の二つの石が枕になる。働いて適当に疲れたときほどよく眠れることはないものであるが、固い寝床と焼くような太陽――それをさけるためには、われわれが顔の上にななめにおいたインド帽のほかにはなにものをもたなかった――にもかかわらず、ティリンスのアクロポリスにおける真昼時ほどこころよい眠りを楽しんだことは決してなかった、と私は読者諸君に保証することができる。われわれの二回目の、すなわち最後の食事は、夕方帰宅してわれわれのホテルの簡易食堂でとった。〃

古代においてパウサニアスは王の住居の跡についてこのように書いていた。「ティリンスの唯一の遺物である周壁はキクロペス族によってつくられた。それは加工されない石からつくられていたが、どの石もはなはだ大きいために、その最小のものでさえ、二頭一連のらばではその場所から動かすことはできなかった」(『ギリシア周遊記』第二巻)と。くわとすきとによる仕事がなしとげられて、掘りだされた廃墟を鋭い観察によって補うことができるようになった今日、われわれはギリシアの地にある領主の最古の城塞のようすをなんと多く説明することができるであろうか。

いま人がシュリーマンとデルプフェルトの著書を案内書としてここに進むとすると、彼はティリンスの斜路をのぼり、両側に自然の威力のように堂々とまた武骨にたっている周壁のせまい入口をとおって、陰気なしだいにつまさきあがりの通路へとまがりこむが(第22図参照)①、この通路は城門の趾《あと》にたっし、この城門はむかしはミケネの獅子門と同じ

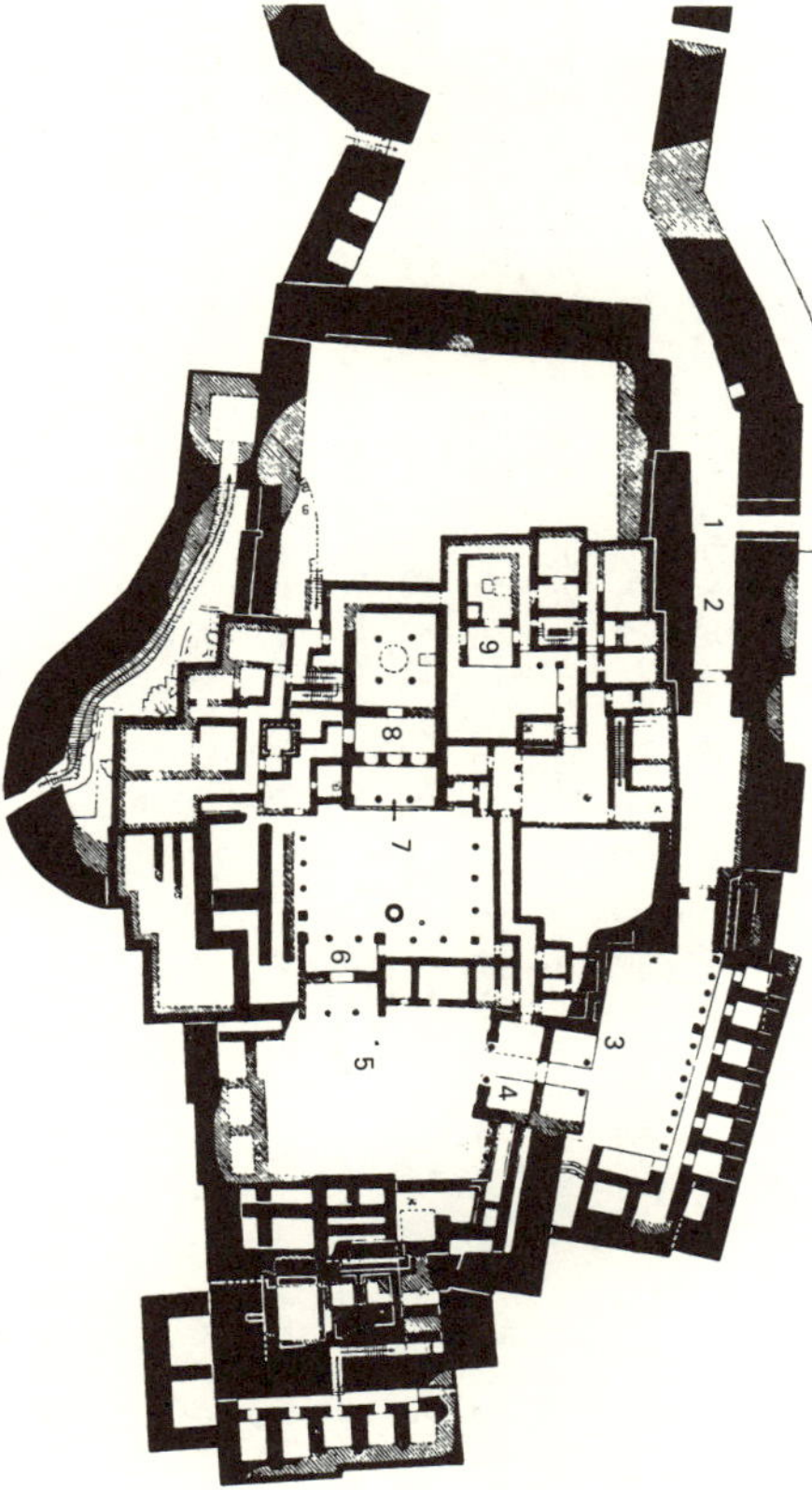

第22図　ティリンスの城塞

かたちをして入口をふさいでいた②。その背後で道はわずかに広くなるが、われわれはなお城塞の大きな壁のせまいあいだに閉じこめられている。われわれは一つの前庭にきているのである③。左側には城壁のなかに低い歩廊《ハルレ》が開かれて、そこには城塞の衛兵隊が宿営し、同時にまたその下手《しもて》の厚い周壁内に奥深く設けてある倉庫*への入口を守備していた。右側ではわれわれは第二の楼門の前に立つわけだが、それの威風堂々たるさまは、なおわれわれをとり囲んでいる周壁の荘重さにふさわしい④。この柱でささえられた門の歩廊*をとおって、われわれはいまや城塞の平和*のなかに、領主の宮殿の広い前庭に足をいれるのである⑤。そして宮殿衛兵所の部屋をとおると、領主の住居にゆく優美な楼門（いわゆる小楼門）の前に立つ⑥。このように門が連続していることは、領主はトルコ皇帝のようにその人民からかけ離れて生活していて、人民は衛兵や宮内官吏のいくつもの段階をおかしたのちに、ようやく彼のもとに達することができるといった、その、生活を思いおこさす。この高みに宮廷があった時代には、一般人が前庭をこえて、ティリンス王のもとにゆくことはたぶんなかったであろう。

　しかしながら、われわれは王の友である貴族の一行とともに彼に近づく。広い前庭からわれわれは楼門の前方歩廊《フォアハルレ》にいたる階段をのぼり、後方歩廊に通じる扉をとおってゆく。ふたたび広い庭がわれわれをとり囲んでいるが⑦、その親しみのあるゆたかな装飾は領主の居所が近いことを示している。その地面は清楚《せいそ》なたたきでおおわれ、その四方は木柱でささえられた歩廊がめぐらされているが、その柱の上には種々にいろどった長押《なげし》がおおうようにそびえているから、その静寂な孤独さは廻廊のある修道院の庭に似ないでもない。歩廊のまえ、宮殿に通じる扉にむかいあって祭壇がある。ここで王は彼の家族の保護神に対して、牛の血を地中の穴のなかにながすのであるが、その神の手からこの種族の祖先が犠牲用の斧*を受け取ったのである。この場合にこのせまい場所からは王にはその人民や国土はみえなかったから、領主のまなざしはただ南国的なあかるい空にだけ向けられているのだった。祭壇のむこうにわれわれが歩いてきた目標がのぞいている。そこには入口の歩廊（玄関歩廊）が堂々とまた華麗にそびえ、その後方に王の広間がある⑧。国内の芸術家や外国から招かれた芸術家たちは、できるかぎりのあらゆる芸術的能力をここにくりひろげた。上方が太くなる高い円柱*には刻文の装飾が一面にからみつき、壁柱はめずらしい木材でおおわれて、その上には青銅製ロセッタが優美な列をなしている。壁脚は雪花石膏《アラバスター》板の透明な白さでかがやき、その律動的にうごく文様からはそこにはめた宝石のような青い宝石模造ガラスがきらめく。壁そのものは種々な空想的な動物のあいだに牛狩りや王たちの戦闘をあらわした多彩な壁画でおおわれている（第23図参照）。広い三つの扉戸が大広間の前室に通じているけれども、もちろん他国から来たも

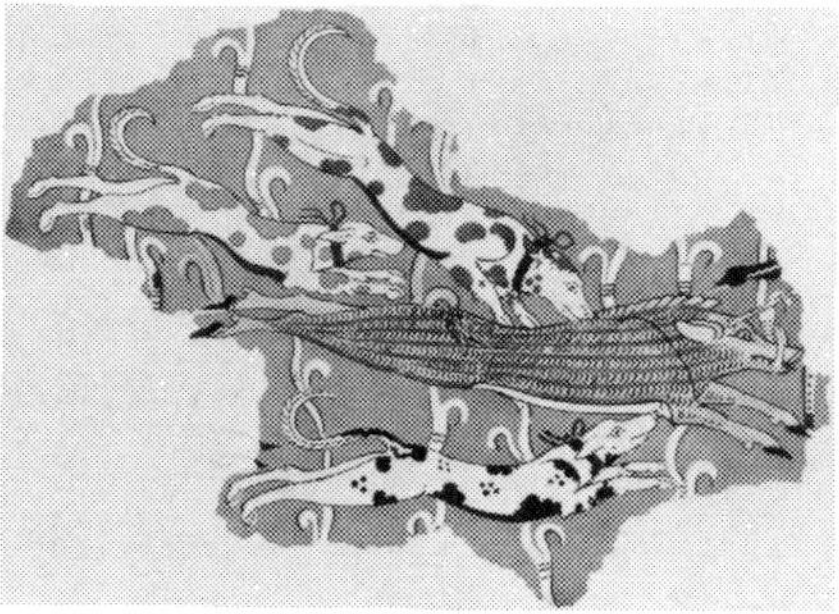

第23図　ティリンスの壁画（猪狩り）

のは前室の一隅の扉から浴室にはいり、身体を洗いよく膏《あぶら》をぬり、衣服をよくととのえてから王の前にあらわれた。一枚の絨緞《じゅうたん》が広間にいたる扉にかかっている。われわれはその広い石づくりの敷居をまたいで内にはいると、上のほうから、すなわちまん中が高くなった板ぶき天井のすみの口から、わずかにさしこむかすかな光にかこまれる。四本の細い円柱が屋根をささえ、その中心に色どりかざった円形の炉《ろ》があって、*そこから煙が天窓にのぼってゆく。

　宮殿の描写はこれで十分であろう。ひときわめだつ領主の豪華な部屋を雑然と小室がとりかこむ。一つの廊下が婦人専用住居に通じる⑨。その住居は他のものと密接してはいるけれども、やはりそれ自身にも同じように中庭と広間と小室とをもって、はっきりとまとまっている。*さらに召使いのための諸室や家政用諸建物がそれに付け加わる。しかしこれらの配置のほかに出撃門*や櫓や倉庫をそなえ、すべてをつつみ護っている周壁を明らかにするためには、著書『ティリンス』*にそえた配置図が必要であろう。シュリーマンとデルプフェルトがいかに明瞭に二〇〇〇年紀の領主の城塞の姿を再現したかが、そこに十分しめされている。

　多くの技術上の特色と装飾形式との一致からして、ティリンスの城塞はミケネの城塞や墓とおなじ偉大な文化の時代にうまれたことは明らかであった。八年前にシュリーマンは墓によって（ミケネで）、死者崇拝の尊厳さと未知ないにしえの世界の領主たちの輝やかしい事実とをわれわれの前に再現することに成功したが、いまティリンスの発掘はたしかにかの王たちが住んだその住居を再現することができた。そしてひとたびひとびとがその建築方法や工芸品の特異性を注視するようになったのちは、一年たたないうちにエーゲ海の周囲に、いわゆる穹窿墓《きゅうりゅうぼ》や竪穴墓や「ミケネ」様式の調度や陶器が、アッティカ*に、ボイオティア*に、テッサリア*に、多くのギリシア諸島*に、小アジア海岸*に、いな、エーゲ海をこえてキプロス島*に、ナイル河の三角洲*に、シシリア*にあらわれた。シュリーマンみずからもなおボイオティアのオルコメノス*から同時代の遺蹟を詳細に世に紹介した。彼は一八八六年にふたたび、このたびはデルプフェルトとともにそこに行って、そこの穹窿墓《きゅうりゅうぼ》をより大規模に発掘したが、それはミケネの「アトレウスの宝庫」とまったく同種類のものであり、ただそれよりもいっそう豪華に設備されていたのである。大穹窿室のとなりにある墓室を清掃すると、その部屋の暗緑色のスレート板でつくられている天井が、まるで一枚の絨緞《じゅうたん》のように、直線文や渦文やロセッタによって、すなわちエジプトの記念物によってとくによく知らされている装飾様式によって、一面におおわれていることが明らかにされた。

またわれわれがこの「ミケネ」時代の遺物にであう場合には、それがどこであろうとも、豪華さをくりひろげること、すなわち宝石と貴金属の使用にたいするとくべつな愛好が、また直線式装飾文様であっても図像的表現であっても同じ独特な様式感が働いていた。もしキプロス島からシシリアにわたり、またテッサリアからギリシア南部にわたって類似の記念物が発見されるならば、このことはある時代に地中海領域のこの区域に指導的だった民族の、はなはだ盛んな海上交通と高度な繁栄との結果にちがいなかった。この民族はどのような民族だったであろうか。それはギリシア人だったであろうか。*

ホメロス以後は鉄が人間を引きよせている。* 鉄製の道具や武器が「ミケネ」様式の記念物と伴出しないこと、またその時代のひとびとは彼らがやわらかい宝石の加工にいかに熟練していても、もっぱら青銅を、あるいはまだたしかに石製道具を使っていたという事実は、この文化が少なからず古いことを証明する。それにもかかわらず、シュリーマンがこの文化と叙事詩の時代との関係を、またそれ以上に、はるか以前に消滅したものとして叙事詩がその英雄たちを生かしまた戦わせたあの時代との関係を、指摘したことは正当であった。叙事詩がたたえているミケネの黄金の豊富さは、発見物によってみごとに証明され、ネストールの杯そのままのものがミケネの墳墓から得られたのであった。こんどはティリンスで、ホメロスの歌にうたわれた領主の家とその本質においておどろくほどに一致した宮殿が発見された。王の大きな男子用広間《メガロン》では求婚者たちが饗宴をひらいている。*ファイアケス族の王はオディッセウスを男子用広間にむかえると、*その炉《ろ》辺《へん》には王妃アレテが糸をつむぎながら柱にもたれてすわっている。オディッセウスの宮殿にもペレウス(Peleus. アイアスの子)の宮殿にもゼウスの祭壇が内庭にあり、音の反響する柱廊が庭をとりまいていた。われわれはふたたびティリンスにおいて、このようなすべての部屋をまったくホメロスの詩と同じ状態にあるのが見られる。男子用住居と女子用住居とはここでもホメロスの領主の家と同一の仕方ではないにしても、それと相似たしかたで区別されている。ことにアカイア人のなかでもっとも富んでいた領主たちが都したというところ、すなわちいまシュリーマンが黄金の財宝を発見したミケネにあっても同じことであり、また彼の発掘とその後はギリシア考古学会によって続けられた発掘によっても、領主の家からでた記念物を含むもっとも新しい層もまた、まったくかの文化に属することがしめされた。これらのことからしてわれわれには遺物と伝説が一致することがわかる。歴史によるとミケネ王国はすでにホメロス以前の時代に滅亡しているように、われわれは王の城塞がすでに叙事詩時代以前に破壊されているのを見るのである。シュリーマンはまことにアトレウス家の城塞にぶつかったということ、またホメロスの物語りはまだ実際にその支配を記憶していたという結論をしりぞけることは困難である。

この事実にもとづいたシュリーマンその他多くのひとびとの結論は、東部地中海の島々と海岸における「ミケネ」文化はホメロスの戦争の時代にまで、ホメロスのアカイア人にまでさかのぼるということであった。歴史時代にはこの国家は崩壊して、べつなギリシア種族がそれらに代わった。北ギリシアの山地からペロポネソスに移動したドリス人の侵入についての消息は、このことと関係がある。すなわち粗放な山岳民族が洗練されすぎたアカイア人を征服したのである。それだから、疑いもなくギリシア的と認められる後の時代の服装や調度がいちじるしくより簡素にまたより非芸術的とみえるとすれば、またとくに紀元前一〇〇〇年紀初期の貴金属の加工が芸術的才能や技術において、前の時期よりいちじるしく劣っているとすれば、このように説明してさしつかえなかった。

シュリーマンの発見によって明らかにされたこの文化の荷担者は、ギリシアにおいてはギリシア人、すなわちアカイア人であったと仮定されるにかかわらず、その領主の館では東方の影響がはなはだ強かったに相違なく、ひとびとはたしかにほとんど無意識に東方の圧倒的な趣味に屈してしまって、民族的特性についての意識はまだほとんど醒《さ》めていなかったとおもわれる。フェニキアのアスタルテ*の図像がミケネ王女の衣服をかざっていた。上流のミケネ式衣服の特色であるおびただしい黄金装飾の金は、ギリシアの土地からは産出しない。むしろおそらく小アジアの産であろう。同じように宝石模造のガラスや磁器製の小片が衣服の装飾につかわれていたが、ガラスと磁器はフェニキアとエジプトの発明であって、両者ともギリシアには決して栄えなかった。象眼細工をほどこした珍重すべき短剣には、川岸のパピルスの草むらのあいだに水鳥をひそかにねらっている猫が表わされているが、それはただナイル河畔にしかみられない光景である。このようなものや他の多くのギリシア以外の地を思わす点は、発見物の性質からしておそらくはフェニキアまたはエジプトの製品が大量に輸入されたことによって説明されるばかりでなく、また当時一般に支配的であった東方の影響をもしめしている。そこで多くの学者は、発見物はすべてギリシアの地がまだカリア人や小アジアの海岸を故郷とする民族によって占められていた、前ギリシア時代のものであろう、と仮定するにいたった。シュリーマン自身も最古のギリシア王たち、カドモス、ダナオス、ペロプス*はフェニキア、エジプトまたはフリギアから移住したという伝説には、ギリシアが東方に依存している事実をしめしていると指摘した。

このようにミケネ、ティリンス、オルコメノスにおけるシュリーマンの発見物は、ギリシアの最古史にとって、いや、そればかりでなく、一般の地中海諸国の歴史にとっても、根本的に重要な新しい東方問題への動機となった。この時代の記念物にたいするあらゆる新発掘があたえたおびただしい知識から、われわれにはつぎのようなことがわかった。もしわれわれが当面の問題を解決するのに、適当な地点で今後も努力するならば、ギリシア精神の形成をばホメロスをはるかにこえて、ギリシア民族がギリシアの地にはじめて侵入したその遠い当時にまで、さかのぼりたどることが将来には可能になるであろう、と。

ギリシアの住民が「ミケネ」時代には強く東方に依存*していたことは、今日のわれわれを、またやがてティリンス発掘後のシュリーマンをも、まずよりいっそう東方に近い地点にくわを入れさせることになった。

七　晩　年（一八八五―九〇）

かつてのメックレンブルクの一商店の小僧はいまは発掘から帰ると、アテネでもっとも立派な邸宅に住んでいた。少年時代には貧しくて身体は弱く、その眼界は故郷にごく近いところにかぎられ、その心は余儀なく日々のパンにむけられていた彼が、いまはみずから手にいれたもの、すなわち莫大な資産を手にして、思うままに働ける鋼鉄のような肉体力をたのしみながら、また彼があらゆる国々にもつ個人的な交際を楽しみながら、ホメロス時代のいにしえに彼がささげた研究に専心しながら、日々をすごした。彼は一個の独創的人物であり、遠大な目的と偉大な成功とを一身におさめた人物が、常にふりまく魅力をば彼も存分に発揮した。彼の数奇な生涯とその発見の輝やかしさは教養あるひとびとに深い印象をあたえて、彼らをひきよせた。アテネにくる旅行者は、イギリス人であろうと、アメリカ人、ドイツ人であろうと、あるいはその他の国民であろうと、彼らはアクロポリスと博物館をおとずれた後には、シュリーマン邸をたずねた。彼と妻のソフィアとが建てたこの家を、彼らがともにイリオンの城塞上の貧弱な木造小屋に住んだ日の思い出のために「イリオンの小屋*」とでもいう、イリーウ・メラトロン Ἰλίου Μέλαθρον と命名した。ふくろうとトロヤの鉤十字《かぎじゅうじ》でかざったとびらの鉄格子《てつごうし》のところで来客をむかえる召使いは、ベレロフォンにテラモン*とよばれた。階段の床のモザイクにはミケネの金銀細工が模倣されていた。円柱で支えられた階段部の壁には、大きな金文字でホメロスの句が照りはえていた。主人の部屋と仕事室と図書室とが最上階にあった。つきだした出張り縁側からアテネのアクロポリスをながめると、その背後の落日が深紅色にまた金色にアクロポリスをくまどった。ここにはこの家の主人が新しい発掘の準備のために文書を交換したり、またはその財産の管理にたずさわったり、または古代ギリシア作家やたくみに古代ギリシアふうによそおった現代のギリシア作家を読むなど、元気よく活動しているのがみられた。ここにやってくる学者にたいして彼は、自分がもっとも愛する言葉、すなわち彼がホメロスやその他の古代ギリシアの詩句からととのえたギリシア語で話しかける。彼がいまギリシアを定住地とえらんだ後も、現代ギリシア語をあまりつかわずに、彼が異常な執着でホメロス世界の研究をするうちにわが身におさめた独特な慣用句を多く使ったが、このことはこの人の少しも変らぬ自主性をよくあらわしている。会話に加わることのできない人には、シュリーマンがその人の母国語を自由自在につかった。客を厚遇すること、それは古代ギリシアの道徳であった。それをシュリーマンはかのホメロスから新しく得たのであるが、この場合にはギリシアの女であるソフィア夫人が彼を助けた。彼らの追憶も彼らの理想も一つであった。彼がゆたかな記憶の宝庫からホメロスの詩句を恍惚《こうこつ》とした情熱をもって吟誦すると、彼女は彼がやめたところから続けることができた。

しかし彼が妻と二人の子供、アンドロマケーとアガメムノン*とのアテネにおける最愛の家庭の団らんのなかに止まることは、休むことなく計画している人にとっては、着手した仕事をおえて新しい計画を準備をするための休息、おそらくは晩年にはやや長くなった休息でしかなかった。彼はたいてい夏には、アテネでいう「ヨーロッパ」の友人のもとや、パリとベルリンにある家へいった。一八八六年にはなおキューバにある彼の財産管理のために大西洋を渡らねばならなかった。同年彼は数日間ロンドンに旅行した。イギリスの一通信員はティリンス宮殿説にたいして抗議することを職業上の務めと感じていたが、彼の意見によるとビザンツ時代*にその城塞の廃墟内に建てられた教会は宮殿と同時代にできたものだというのであった。ところがその見解をイギリスにおける建築研究の老大家ペンローズ*が支持した。シュリーマンはデルプフェルトとともにとくに召集された集会において彼の主張を弁明したが、事実は明白であるから、容易にこの専門家は真実を信じてくれた。シュリーマンみずからはイギリス王室建築家学会から大金牌《きんぱい》を授与される名誉をえた。

一八八六―八七年の冬に彼はナイル河を航行した。比較的長く張りつめた仕事のあとに――当時彼は著書『イリオス』と『トロヤ』とを一冊にまとめた著述のフランス語版に力をいれていた――休息の必要を感じたので、彼はそれを孤独のうちに楽しもうとおもったのであった。しかしとくにエジプトではその歴史の古さと記念物の古さが太古の伝説や歴史にたいする彼の空想ゆたかな感激にぴったりあった。フィルヒョウがいうように「ホメロスの詩がうまれた時代には、いや、おそらくはトロヤが栄えた時代にもエジプトの文化はすでに数千年を経過していた。そしてこの文化の証人が今日もなおほろびないでいるとの考えが、彼のあらゆる観察に強くしみこんでいた。」彼が深い感銘をうけたエジプト諸王朝のおびただしい年数を口にすると、もう彼は感激しているのだった。一八五八年の第一回エジプト旅行のときに船長との契約にあたって、はなはだしくかけ値をされたから、彼はその国語を知らないことを残念に思ったのであった。それで彼はこのたびの航海中にはアラビア語の学習に専念し、アラビア文字をおぼえて、短期間に通訳を必要としないばかりでなく、アラビア語で書くことまでも学び、それにつづいたシリア旅行をアラビア語の日記につけるまでになった。今回彼はその生活と活動とをギリシア語のくわしい日記にのべている。彼が唯一の案内人としてアテネからつれてきた召使いは、その胸痛をおだやかな大気中でなおすために、旅行をはじめてまもなくある村から帰さねばならなかった。それで彼は三か月間、彼がやとった一せきの帆船にまったくひとりぼっちでナイル河をルクソール*までさかのぼり、そこからひき返した。三本檣船《さんぼんますと》のアラビア人乗組員が彼の唯一の仲間であった。〃あらゆる争いにもかかわらず、なぎとか逆風が進路を妨害しても、私の唯一の悲しみは時が早くたつことである〃と彼は書いている。〃ただひとりでいる現在ほど、私にとって時間が早く過ぎてゆくことはおそらくあるまい。このことは、私が思うに、種々さまざまの仕事のせいである。七時に起床して、半時間甲板上をあちこち散歩し、茶をのみたまごを三つ食べ、さらに一時間たばこをのみながら歩きまわる。そのあとすぐに一時間はアラビア語の書物に、二時間はエウリピデス*にかかる。そこで私は朝食*をとり、ふたたび一時間散歩し、ついで四時半まで学術書を読む。その後六時まで私は歩いて、夕食をとり、さらに一時間半は爽快な砂漠の風をたのしみながら漫歩する。床にはいる前に日記をつける。〃その日記のなかで彼はいきいきとまたあざやかにこの国土の農業や住民の風習をえがき、目についた記念物をきわめて良心的に書きしめした。その他この覚え書きのなかで、シュリーマンにあっては他の場合でもそうとう重きをなしている一面が、すなわち彼の夢がめだっていた。ことにしばしば彼の近親が夢にあらわれ、それを彼はくわしく記した。ピラミッドの国の旅行ははなはだ気にいったので、次の冬にもそれをくり返したが、今度は一人でなく友人のフィルヒョウを同伴した。つぎのような叙述はフィルヒョウの追憶記*のおかげである。その追憶記からわれわれは、シュリーマンの人格がどのような印象を砂漠の村々のアラビア人にひきおこしたか、彼らの僧侶や裁判官のように彼らのことばを読むばかりでなく、書くことができる不思議な白人の男にたいして、どんなに彼らが驚歎したか、また夜は彼らの族長の小屋の前のやしの木の下で、彼らの集まりのなかでコーランの文句を恍惚《こうこつ》として暗誦するので、それが終わると、信者たちが頭をさげひたいを地につけて祈禱したようすを推測することができる。

このような旅行から帰ると、シュリーマンは自分のなかに新しい計画にたいする力を感じた。ヌビアでは神殿の壁画が彼をとらえたが、それにはラムセス*大王とその種族との北方諸民族、ヘタ人すなわちヒッタイト人*にたいする戦いと、オロンテス河畔の彼らの町カデシュの包囲*とが描かれてあった。彼はすでにかなり以前からセースによって、トロヤ文化がこれら諸民族とのあいだにもつはずの関係に注意をむけていた。しかしカデシュを発掘する計画は、メソポタミアにペストが突発したために挫折した。近年いろいろと準備をしていた第二の計画、すなわちクレタ島にあるクノッソス* Knossos の発掘も好都合にはゆかなかった。彼はそこにかつて「ミケネ」文化が東方からギリシアへ侵入*するのを仲介した、橋杭を発見したいと思ったのである。彼はデルプフェルトとクレタに旅行して、そこに大宮殿の廃墟が、ティリンスの場合と同じように、ほとんどあらわれているのを見て、ギリシア人の最初の海上支配者ミノス王*の城をふたたび発見する見通しをつけた。しかし土地の購入の交渉や予想される発見物の所有権についての交渉がながびき、そのうちついにクレタに暴動*が勃発してそのくわだては不可能になってしまった。このとき、シュリーマンのすべての反対者のなかでもっとも不適当な人が攻撃をはなったこと、彼がもう一度その最愛のトロヤに帰ったことは、ひとつの幸運であったといってよい。

まだ一度もヒッサリックの廃墟を見ることもなしに、退役大尉のベッティヒャーは長年にわたりいくたの論文によって意見をたて、シュリーマンの初期の著書から個々の不十分な報告をもとにして、トロヤの城塞は一大火葬場にほかならないと、もっともらしく証明した。彼はシュリーマンもデルプフェルトもともに責めていわく、「彼らは実態についての虚偽の写真と虚偽の叙述を提供した。いや、それどころか、古い宮殿が存在したという彼らの考えに矛盾するようなものを、故意に破壊したのである」と。ベッティヒャーは一八八九年にパリにひらかれた人類学会大会にこのテーマについて一著書を提出したが、おどろくべきことにはこの著書がフランスのすぐれた一古代研究家を実際にその支持者にもつことになった。シュリーマンみずからこの大会に出席した。彼はベッティヒャーの書がいかに人をまよわすかをみて、遺蹟の前で討議するために、この反対者をトロヤに招待しようと突然に決心し、同時にまたそこで仕事を大規模に再開する計画を心におこした。「パラス・アテナ万歳*」と彼はパリからデルプフェルトにあてて、その決心を告げる手紙を書きはじめた。会議は十二月初旬にヒッサリックで開かれ、その反対者はながい間説服されなかったけれども、証人として出席した専門家たち、ウィーンのニーマン教授とプロシア王国陸軍少佐シュテッフェンが彼とデルプフェルトの考えを確証したことに、シュリーマンは満足と安心とをおぼえた。

大使フォン・ラドヴィッツ氏を通じてトルコ政府の許可をえた後、翌年五月一日にシュリーマンによる最後のトロヤの発掘が再開された。彼はいつもよろこんでスカマンデル平野のさえぎるもののない高台に帰ってきた。彼の情熱はここに根ざしているのである。ここでは彼はこの土地の人になっている。彼は土地とひとびととを知っているし、ひとびとは彼を知っていた。新しい収穫にたいする希望のほかに、このたびはまた、彼の長年にわたる仕事の成果、すなわちホメロスによってたたえられた場所に城塞が存在したという知識が、ベッティヒャー流の仮説の再現によって疑われないようにすることも、また重点であり、またできるだけ多くの専門学者にも発掘地域を見せたいと望んでいた。要するに、彼の晩年には彼の仕事がギリシア人の太古史研究に寄与した事がらを、あらゆる人にいっそう明白にわからせようとする努力がとくに目立ってくる。それでライプチヒの出版社F・A・ブロックハウスのすすめにしたがって、彼のすべての発掘とその結果とを総観的にカール・シュッフハルト博士の手によって一冊のすぐれた書物*に概説させた。同じ意図から発掘地域のごく近くにバラックの仮宿舎を建てたが――ひとびとはじょうだんにシュリーマノポリス（シュリーマンの町）とよんだ――そこには一四人の友人が宿泊できた。早くも最初の月で部屋は満員になった。ベッティヒャーはやはり彼の攻撃を新聞に続けていたから、シュリーマンは三月の末に第二回国際大会議の招待を発した。この会議もまたシュリーマンとデルプフェルトの意見をちゅうちょなく是認することになった。フィルヒョウもそれに出席した。会議がすんだ後、この二人の友は一度イダに困難な騎馬旅行をした。そしてこの旅行中にはじめてシュリーマンの宿命的な耳の病気が容易ならぬ状態にあることがわかった。フィルヒョウは両耳の骨の腫脹《しゅちょう》は難手術を必要とするであろうと診断して、さしあたって手術を受けることをすすめた。その後にはシュリーマンはじつにしばしば耳が聞こえないと訴えたけれども、六八歳の人の元気さに、彼の悩みを気にかける人はほとんどなかった。それで彼は発掘と来客とに多忙をきわめ、そのいずれもが一週間ごとにほとんど新しくなっていった。なお終りの数週間は彼の妻と子供とが広げられたヒッサリック植民地に、たのしい家庭をつくったことは特別な喜びであった。

シュリーマンとデルプフェルトは彼らの仕事の方針としてだいたい二つの課題をさだめたが、このたびはだれも配置図の作製を妨害しなかったから、その解決は以前とちがって故障なくすすめることができた。二つの課題とは、いわゆる第二市の根本的な清掃とそれの外側の発掘であったが、それはこの場所の後世の歴史と下町との連絡を、できれば確証するためであった。

第二番目に古い「町」、むしろより正しくは城塞だが、その地域内の仕事によって、ヒッサリックの丘の八つまたは九つの住居層のうちのこの一つにあってただ三つだけ増築時期が区別されることが認められた。もっとも内方に寄っている、したがって最小の円形をつくっている最古の周壁が、今度はじめて区別された。城塞の主はこの円形を二度ひろげたが、そのときの城壁によって前の城壁をおおい、城塞の内部の面積を拡張した。城壁の築造や諸門の改築と関連して、支配者の宮殿がいつもまた新築されたに相違なかった。ひとびとは前の基礎壁の上にそれからはずれて諸建築物を建てたから、それらの遺蹟をえがいた遺構図は相かさなった多くの網目の図のように見える。ときどきいちばん上の網だけがいくぶんはっきりと目立っている。大城門の部分をとおった者は、ティリンスにおけるように、その内でも一つ小楼門を通らねばならなかった。つぎに彼は前庭にでるが、そこには領主の家族のいくつかの大メガロンがならんで建てられていた。このような大規模な建築がくり返され拡張されていることから、われわれはダーダネルス水道のそばのこの城塞がその時代に経験したいろいろな運命、つまりその変化にとむ歴史をおぼろげながら想像するのである。この城塞はあまり遺物層のなかに深く埋まっていたから、われわれはその隆盛時代が何千年代であるかは、とうてい証明することができない（一二一ページ注参照）。われわれは当時ここに住んでいた民族の名を知らない。その点はシュリーマンもしだいにあきらめたのであった。彼の著書において、この城塞の姿がひろがるにつれて、この住居地の発見物とホメロスとの関係がやや稀薄になることは、もちろん学問的にも正しかった。歴史的な結びつきがないために、この廃墟を見て、一種のものたりなさを感ずる者があるとしても、そのものたりなさは、地中海民族のもっとも古い住居の形式がここに明らかに、他のどこにもないような大規模で、認めることができることによっておぎなわれるであろう。

しかしながらもはやトロヤの古跡はこのようにまったく無時間的に、またあらゆる関連をしりぞけたままにすてておかるべきではない。シュリーマンの最後の事業の大収穫は、二つの先史文化である、古代トロヤ文化とミケネ文化との関係を――古典文化の地

```
               VIII  36.60      35,50
                      V         IX  34.0     下町
                                              30.0
        32     30,80
     28,0              IV
              26.0              23.0
       岩 盤  24.80
```

□ 第九層（ローマ時代）建築と舗装
■ 第六層（ミケネ時代） 〃 〃
▒ 第二層   〃 〃

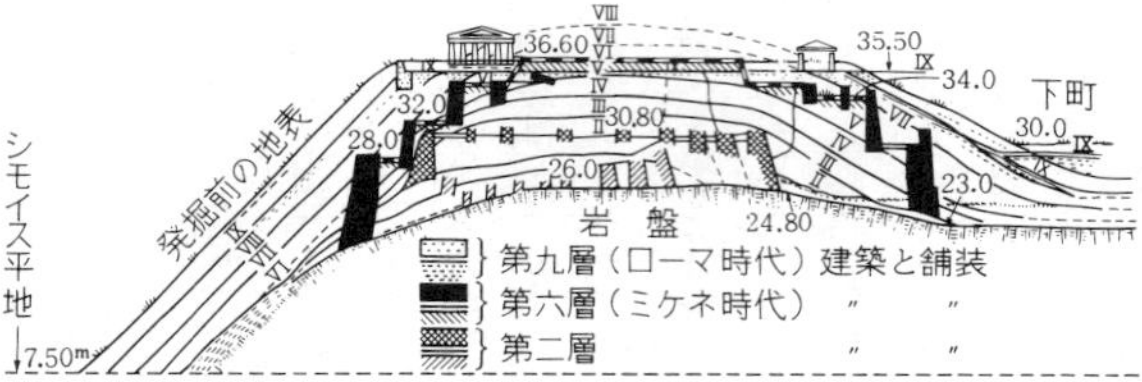

第24図 ヒッサリックの丘

においてこの二つの文化を解明したのは、シュリーマンの不屈によるものであるが——ある程度まで明らかにしたことであった。

シュリーマンは二番目に古い城塞の周壁の一か所を発掘させた。この城壁はたしかにかつてはさえぎられることなくスカマンデルとシモイスの谷とを見渡していたのであった。それでその外側に一六メートルの高さにそびえている住居の遺物層（実は第二市ではいわゆる第二市よりも新しくなければならなかった。第24図からここにのべている関係が想像される。左手には城壁が見え、右手には城塞の没落後にできた遺物層の壁が高くなっている。ローマ時代がこれら全体の遺物層の最後をとじて、その城壁がもっとも高く露出していたのである。さきの遺物層から城壁の底に至るまで垂直に六つの住居地の層がつづいていた（参照第24図）。

第二市の衰微にただちにつづく三層の住民たちは、発見物が証明するところによると、それ以前の城塞の住民と同じように（六七ページ参照）、原始的なそまつな調度類を持っていた。城塞の破壊後四回目にこの場所に人が住んだときに、すなわち遺物層が高さ八メートルに達して古い城壁の石の基礎工事がそのなかに埋没したときに、はじめて調度類が変化した。この層の家々の廃墟のあいだからひき出された陶器は、多くはいっそう美しい外観をしめしていた。この進歩の原因は発見物の割合からしぜんに推論される。そのなかには二種の陶器がある。その一つは明色の陶土でつくられた豊富な文様のあるものであって、それはシュリーマンがはじめてミケネでおびただしい数とおどろくほど多種多様のものを発掘し、また地中海地域の多くの地点にあらわれたものとまったく同一である。それらの大部分は輸入品であることをしめしているが、トロヤにあってもそうである。そのわけは、そのみごとに精製された陶土とその優雅なかたちとははるかに多い第二類といちじるしい対照をしめしていて、後者はたとえいっそう発達していても、元来からトロヤ地方のものであって、より深い層で知られている土器ときわめてはっきりと関係しているからである。

ミケネ陶器の輸入はトロヤの製陶業に時期を画したとみてもよいであろう。たぶんトロヤ最古の住民は彼らが家庭でつかう壺やはちを女や奴隷の家庭内の仕事として作らせたのであろう。そしてミケネ式の壺がすこしずつあらわれてきた居住時代には、すでに独自の陶器製造が発達していたと認めてよいとしても、陶工の組合は、陶用ろくろをわずかにつかったことをのぞいては、まったく個々の家でも使うことができるような、また使ったような、もっとも簡単な手法以上には出ていなかった。そしていま商人が海のかなたから船でやってきて、ヘレスポントの海辺にその驚くべき陶器をならべて、完全な技術と確実な様式とをもつこれらの杯やかめや壺を、全地中海のためにつくっている大製作所についてものがたった。われわれ近代人は技術上のあらゆる手段を完成しているけれども、これらの品にたいしてなおしばしば最高の尊敬をはらわねばならないものがある。この競争者はこの地方に競争をおこす結果になった。ひとびとは陶土をより純粋により固くねり、より純粋な色彩をおもんじ、陶器にいっそう清純快適なかたちをあたえ、またもちろん焼きかたをも完成し、陶器にからみついた豊富な線状の装飾をおもんじて、全体に一様なうわ薬のような光沢をあたえることを学んだ。しかしながらもちろん、ミケネ式陶器の優雅と色彩の華麗にはおよばなかった。かつて昔からこの地方にうまれつき、また続いていた装飾欲はともかくとして、トロヤの陶工たちにはミケネ式陶器が発生した土地に産する純良な陶土や他の手法が欠けていたのであろう。しかしながらその陶器類は当時は一つの製陶工業があったことを証拠づける。そしてその工業は、五〇〇年以上も存続し、さらにひきつづいてトロアスを領有していた、紀元前七・六世紀のギリシア人をもいわば支配していたことを、上層の発見物が証明していた。

陶用ろくろは考古学的な知識の豊饒の角《フュルホルン》*であるとシュリーマンはつねにいっていた。しかしながらそれだけが、ミケネ時代にトロヤ地方が達した隆盛を証明する唯一のものではない。いままではこの時代の住居地はただ数百平方メートルの小地域にたどられたにすぎなかったが、こんどの場合は、後期ギリシアとローマの建築は別として、これまでひとびとがヒッサリックの瓦礫《がれき》の丘で観察したうちではたしかにもっとも壮大な建物の跡が発見された。デルプフェルトはその土台の壁の厚さが一・六〇メートルあるメガロンの遺構をみとめ、またすぐそばにその基礎の幅が二メートル以上の第二の建物*にぶつかった。このように壮大な建築物がある住居地は村落ふうとはいえない。またこれと関係して、トロヤ平野のもっとも堂々たる記念物、すなわち大きな高塚において、「ミケネ式」と同時にヒッサリックにあらわれた種々の単彩の陶器がふたたびあらわれた、というシュリーマンの観察もまた述べておく必要がある。ではこの英雄の墓もまたトロヤ領主たちのこの第二の光栄にみちた時代の遺物であったであろうか。

シュリーマンは特定の場所から出土した最初のミケネ式嘴壺*を、トロヤ古物の年代記の標準具として歓迎した。このことは正しい。もちろんそれの輸入の時期についてはまだ大きな動揺の余地がある。最近エジプトでおこなわれた発見によると、それは紀元前一五〇〇年と一〇〇〇年とのあいだに定められよう。以前にはほとんどつねにその発見物がはなはだ簡素で、また原始的であることから、「第二市」はミケネやティリンスよりも非常に古い文化をもったと論断していたが、いまやトロヤの層序そのものから推察できた。第二番目に古い城塞とミケネ時代のトロヤ城塞とのあいだにもなお三つの住居時代がある。その一つがどれほどの期間を示すかは、より以上の根拠がしめされるまでは、決して推測できない（一二一ページ注参照）。

これまで二つの城塞、すなわち二番目に古い城塞とミケネ時代のトロヤ城塞とは――これまでただ丘の周辺で交叉するだけで、それ以上にはたどれなかった周壁の一つはこの時代のものだが――いずれもギリシアの叙事詩の発生時代、すなわちホメロスよりは古い。そこであたらしくつぎの問題がおこった。どちらがアカイア人によって破壊されたプリアモスの町、太古のものであるか、またアトレウス王朝の本拠であるミケネによって、われわれが最高の発展を知ったあの文化の跡がみられる、城塞はどちらであるか。この問題の解決をシュリーマンは翌年に延期した。しかし死がこの止まることのない研究者の努力に終止符をうった。

暑気と熱気とのためにヒッサリックの滞在がたえられなくなりはじめたから、七月三十一日にシュリーマンはそこでの仕事を中止した。彼は翌年三月一日にふたたび発掘する考えであった。彼はアテネに帰って、デルプフェルトと共同で発掘に関する短い仮の報告*を書き、二、三の家事を整理してドイツに保養をしていた彼の妻と子供とがぶじに帰るのを待って、その後すぐに十一月十二日にフィルヒョウの忠告にしたがって、ぜったい必要になってきた耳の手術をうけにハルレのシュヴァルツェ教授のもとにたった。五日間の旅ののちに彼は停車場から診断をうけにいった。翌日にはもう手術をうけて、両耳の病的な骨の肥大を除去した。彼は自分の体力を自覚して危険を心にもかけずに、十二月十二日にハルレを去った。健康なときと同じように、彼はライプチヒの彼の発行者ブロックハウスのところに急行し、それから一日ベルリンにフィルヒョウをたずねて、彼とともに民族博物館にある彼のトロヤ蒐集の展観を見たり、翌年の旅行をこの友と計画したりして、十五日にはすでにパリにいた。そこで彼は医者の診断をうけて、新しい診療をうけねばならなかったが、あらゆる痛さも気にとめずに、数日後にはパリからナポリに急行し、そこでは博物館が新しく入手したものや最近のポンペイ発掘を見るつもりであった。すでに彼は家族にあててやがてアテネに帰ることを通知していたが、そのとき、二十六日に家族に悲しい知らせがとどいた。炎症が耳から脳にきた、彼は無意識のままナポリに倒れている、医者は彼の命を絶望視する、と。そしてそれから数時間後には彼は息をひきとったとの報に接した。

遺骸は彼の長年の友であるデルプフェルトと夫人の兄とがアテネにもち帰った。最初に未亡人に弔辞をのべたうちの一人に、彼がトロヤの発見物を贈った帝国の君主、ヴィルヘルム二世があった。一月四日の午後には、彼がしばしば老若の友人を集めて愉快な社交を楽しんだ彼の家の広間に、弔問客たちがこの偉人に最後の敬意を表すために集まった。棺の枕もとには、彼をその学問的行動へと鼓舞したホメロスの胸像が立っていた。棺は彼の仕事に感謝するひとびとによって飾られた。すなわちフリードリヒ皇后、ギリシア王室、ベルリン市、アテネの諸学術研究所、また同時にその他多くの友人と知人とによって。国王ゲオルギオス、皇太子コンスタンティノス*、ギリシアの諸大臣が列席して感謝の意を表した。この感謝こそはこの民族が感じなければならないものであり、この民族の名誉のためにシュリーマンの活動が捧げられ、またシュリーマンによってこの民族の最高の過去が予想さえされなかったすがたにおいて、彼らに開かれたのであった。この感情を古跡総監督*カヴァディアス氏とギリシア古代研究者の長老であり、また詩人であるリゾス・ランガベーが言いあらわした。合衆国公使スノーデン氏はアメリカ的私人の不屈のすぐれた精神をかがやかしく発揮した自国の市民を称賛した。シュリーマンの仕事において真実のまた不断の同志であったデルプフェルトは、友人としてまたドイツ科学の代表者として、つぎの訣別の辞を呼びかけることができた。

　安らかに休み給え、きみは十分に仕事をなしとげた、と。

いまこそ、生きているあいだは休もうとしなかった彼は、生前にみずから選んだ場所に、E・ツィッラー教授の設計によって古代ギリシアふうの霊廟*が建てられることになっている場所に、休んでいる。そしてあの世の人となった彼に、パルテノンがたっているアクロポリスが、ゼウス・オリンピア神殿*の列柱が、紺碧《こんぺき》のサロニカ湾が、そしてこの湾のかなた、その背後にはミケネとティリンスが横たわっているアルゴリスのかすんだ山波が、挨拶している。

八　シュリーマン略年譜

一八二二　一月六日メックレンブルクのノイエ・ブコウに生まれる
一八三一　母の死
一八三六―四一　フュルステンベルクの小売店で小僧
一八四一　ハンブルクに行く、難船
一八四二―四六　アムステルダム
一八四二　英語とフランス語習得
一八四三　オランダ語、スペイン語、イタリア語、ポルトガル語習得
一八四四　シュレーダー商会に入る、ロシア語習得
一八四六―六六　ペテルスブルグ
一八五〇　北米カリフォルニア旅行
一八五一　アメリカ合衆国
一八五四　クリミア戦争(一八五四―五六)。スウェーデン語、ポーランド語習得

一八五六　現代ギリシア語と古代ギリシア語を習得
一八五八―五九　ラテン語、アラビア語習得、イタリア、エジプト、アテネ旅行
一八六一　ヘブライ語
一八六三　実業を清算する
一八六四―六五　世界周遊、インド、中国、北アメリカ
一八六六―七一　著書『シナと日本』(一八六七)。パリ、考古学をまなぶ
一八六八　ギリシアとトロヤに旅行、イタカ発掘
一八六九　著書『イタカ、ペロポネソス、トロヤ』ドクトル学位。アテネ、ソフィアと結婚
一八七一　アンドロマケー出生
一八七一―七三　トロヤ発掘、「プリアモスの財宝」発見
一八七四　ミケネに試掘、トルコとの裁判、著書『トロヤの古蹟』
一八七六　ミケネ発掘
一八七八　アガメムノン出生、著書『ミケネ』
一八七九　第二回トロヤ発掘
一八八〇　オルコメノス発掘、著書『イリオス』

一八八一　著書『オルコメノス』。トロヤ発掘品をドイツに寄贈、ベルリン市名誉市民
一八八二　第三回トロヤ発掘（デルプフェルトとともに）
一八八四―八五　ティリンス発掘、著書『トロヤ』
一八八六　クレタ旅行。著書『ティリンス』
一八八七　エジプト旅行
一八八八　フィルヒョウとともにエジプト旅行
一八八九　トロヤにて第一回国際考古学会議
一八九〇　第二回国際会議、耳の手術、十二月二十六日ナポリにて急死

訳注

一　少年時代と商人時代

頁

九　『イリオス Ilios』――一八八〇年刊行された。一〇九ページ参照。その英語版には「トロヤ人の町と国 City and country of the Trojans」と副題し、さらに「一八七一、七二、七三、七八、七九年におけるトロヤの地と全トロアスにおける探求と発見の結果」とつけくわえてあって、約一八〇〇のさし絵、地図、略図をふくみ、オースティン・ヘンリー・レイヤード卿 Sir Austen Henry Layard に献ずとある。卿は当時英国公使であってシュリーマンに多大の助力をあたえたことは、第五章にみえる。

〃　ノイエ・ブコウ――メックレンブルク＝シュヴェリーン Mecklenburg-Schwerin はメックレンブルク州のシュヴェリーン。この州は北海にそい、ホルシュタイン州の東隣り、ノイエ・ブコウ Neue Buckow はメックレンブルク湾から約一〇キロの内地にある。

〃　エルンスト・シュリーマン――一八七〇年十一月九〇歳で死去(英語版『イリオス』注)。

一〇　巨人の墓――(Hünengrab)。先史時代に主に標石で築かれた大墳墓を民間ではこう呼んだのであって、北ドイツに多く、ヨーロッパ北方系の新石器時代の巨石文化の一つの特色である。

一〇　盗賊武士――(Raubritter)。強盗強奪をこととする武士。西洋中世期のもの。

一二　「ヘニング・ブラーデンキルル」――Bradenkirl は Bratenkerl のなまりであって、つぎに続く話にあるように牛飼いをあぶり殺したことから。

一三　ヘルクラヌム――Herkulanum は今日のイタリア語のエルコラノ Ercolano で、ポンペイとともに紀元七九年のヴェスヴィオ噴火のときに熔岩に埋没したヘレニズム的ローマ都市。一八世紀はじめころからようやく注目されはじめて、同世紀の後半から一九世紀にかけて発掘報告が世にあらわれ、ポンペイとともに世人の大きな興味をひき起こすにいたった。それ以来今日までも発掘と研究がつづけられている。

〃　『子供のための世界歴史』――(Weltgeschichte für Kinder, von Dr. Georg Ludwig Jerrer) 一八二八年ニュルンベルク刊。

〃　エネアス――ローマの代表詩人ウェルギリウス Vergilius のアエネアス Aeneas 参照。

一四　それが喜びであれ……――Wes das Herz voll ist, sei es nun Freude oder Schmerz, des geht der Mund über. は聖書の句。

〃　約四分の一マイル――ドイツ・マイルであるから英語版では一マイルとある。

〃　ルイーゼ・マインケ――いまはメックレンブルクのノイエ・ブランデンブルク Neue Brandenburg に住む(英語版『イリオス』注)。

一五　オルガータ・クリスティーネ・フォン・シュレーダーの肖像――「のち、フレーリヒ夫人の子イダ・フレーリヒ Ida Frölich 嬢の好意によって、これらの絵は全部――総数五枚――最近

私の所有になり、私の書斎の名誉の場所、アテネのアクロポリスに面する場所にそれらをかけた。」(英語版『イリオス』注)

一七　シュヴェリーン＝メックレンブルクは……——

Schwerin Mecklenburg ist uns nicht bekannt,
Das Land, wo sich der Storch befand,
Nennt sich Sankt-Johannes-Land.

一八　六人の弟姉——「私の二人の兄弟は死んだ。四人の姉妹のうち長姉エリゼ Elise は未婚である。次のドリース Doris はレーベル Roebel の故ハンス・ペトロヴスキー Hans Petrowsky の幸福な妻、三番目のヴィルヘルミーネ Wilhelmine はディッレンブルク Dillenburg のウィルヘルム・クーゼ Wilhelm Kuhse 教授の妻、四番目のルイーゼ Louise はダルグン Dargun の教師マルティン・ペヘル Martin Pechel の妻である。」(英語版『イリオス』注)

〃　大きな不運——父が教会資金を私消《ししょう》したとの疑い——後に晴れたが——と女中を妻としようとしたこと。

一九　フリードリヒ・シュリーマン——一八六一年死(英語版『イリオス』注)。

〃　カール・アンドレス——「カール・アンドレス Carl Andres はいまノイエ・シュトレーリッツ Neue Strelitz の「大公図書館の司書兼古代博物館長である。」(英語版『イリオス』注)

〃　ギムナジウム——中学校と高等学校とをあわせたようなもので、古典語に主力をそそぎ、大学へ入学することを前提として年限は八年、上級より一級二級と呼び、我が国の呼びかたとは反対である。

二〇　実科学校《レアーレシューレ》――これだけでの完成教育であって、理科的な学課と近代語を主とする。

二一　三〇〇〇ターレル――英語版『イリオス』では「すなわち四五〇ポンド」とある。

〃　ヘルマン・ニーデルヘッファー――「いま六六歳でレーベルで安楽な生活をしていて、最近私は彼にあった……。」粉屋、村の書記、最後に税通集金人を三一年して隠退し「ふしぎにも彼はその実生活の変転にもかかわらず、彼のホメロスとウェルギリウスとを忘れずにいて、四三年以前フュルステンベルク Fürstenberg の店でやったと同じような熱情をこめてそれらをくり返した。」(英語版『イリオス』)

二四　テクセル島――Texel 島はアムステルダムがあるイゼル Ijssel 海――むしろ湾――の入口にならぶ一連の島の一つ。

二六　二四〇グルデン――英語版には「二〇ポンド」。だいたいの額を知ることができよう。

〃　八〇〇フラン――英語版には「すなわち三二ポンド」。

二八　『テレマコスの冒険』……『ポールとヴィルジニー』――『テレマコスの冒険』は『オディッセイア』から取材した小説(一六九九年)。父オディッセウスを探しにいくその子テレマコスの物語。『ポールとヴィルジニー』は牧歌的恋愛小説として当時愛読された(木村太郎訳、岩波文庫。田辺貞之助訳、新潮文庫)。

二九　シュレーダー商会――B・H・シュレーダー B. H. Schröder とヘンリー・シュレーダー Henry Schröder との合同会社で「なお栄えている。」(英語版『イリオス』注) なお三六ページ注参照。

〃　一二〇〇フラン――英語版には「四八ポンド」。

三　他の人と結婚した――「ミナ・マインケ Minna Meincke は一八四六年に農民のリヒャース Richers と結婚して、いまはメックレンブルクのフリードラント Friedland で幸福に暮らしている。」(英語版『イリオス』注) 後年彼女との文通もした。

三四　クリミア戦争――(一八五四―五六)。ロシアの南下に対してヨーロッパ諸国、英、仏がトルコを助けて、ついにそれをくじいた。

〃　「緑の門」――「この門は都市計画のため、一八六四年八月こわされた。」(英語版『イリオス』注)

三五　一五万ターレル――二万二五〇〇ポンド(英語版『イリオス』注)。

三六　シュレーダー商会――ロンドンのJ・HおよびハンブルクのB・H・シュレーダー商会は「……当時世界でもっとも富みかつもっとも優秀な商会のひとつであった。」(英語版『イリオス』注)

三八　ニコラオス・パッパダケス氏――のちに最初のトロヤ旅行の途中アテネで彼にあって、旧交をあたため、さらにだれかギリシア婦人を妻にしたいと依頼して、えたのがソフィアである。

三九　この最も簡単な方法――「……ベルリンの友人のルードルフ・フィルヒョウ Rudolf Virchow も、同様の方法で古典語をまなんだと聞いている。彼の手紙にこう書いている、『私の一三の歳までポンメルンの小都会で家庭教授をとった。そこでの私の最後の教師は多大の解釈

と作文とですこしも文法を教えなかった……』とその効果があったことをのべている。」(英語版『イリオス』注)

四〇　その不幸な年においてさえ――頭髪が白くなるほど心配したと手紙に書いている。

〃　やがて上達した――英語版『イリオス』によると次の節とのあいだにギリシア語学習に関する節がはいっている。すなわち「それで私はすべての大学や学校の校長に私がとった方法を採用されることを強くすすめる。イギリス以外では役立たない、英語流のギリシア語の発音を除くこと、児童に最初近代ギリシア語をばギリシア人教師によって学ばせる、六か月以上とはかかるまいが、近代語をりゅうちょうに語りまた書くことができるようになって、はじめて古代ギリシア語を始めさすこと。同じ教師が古代語を教えることができ、また私の方法に従うことによって、才能ある子供ならば一年でそれのすべての困難を習得さすことができよう。こうして、彼らはそれを現代語として学ぶばかりでなく、古代古典を解し、また求められるいかなる題目についても自由に書くことができよう。

これは決して怠惰な理論ではなくして厳然たる事実である。いく年間も不幸な生徒に、彼が大学を去る時には、一般に彼がそれを学びはじめた時と大差ないほどしか覚えていない言語を課するのは、残酷な不正である。この悲惨な効果の原因は、第一にはイギリスに普通であるギリシア語のでたらめでひどい発音であり、第二には採用されている誤れる方法であり、それらのために生徒はアクセントをぜんぜん無視し、また単なる障害物とするようになる……。」以下はなはだ長いので略するが、要するに彼の勉強がすぐれていることを強調しているのである。

〃　ペトラ――(Petra)。今日のトランスヨルダン Transjordan 地方にある。

〃　スミルナ――今日のイズミール。小アジア西岸の第一の都。

四三　『シナと日本 La Chine et Japon』――一八六七年パリ Librairie Centrale 刊。

〃　アメリカ旅行――一八八五年と一八八六年商用のため渡米した。

二　最初のイタカ、ペロポネソス、トロヤ旅行

四四　コルフ、ケファロニア、イタカ――コルフ (Korfu. Kephalonia. Ithaka)。いずれもイオニア海の島であって、ギリシア本土に近く位し、コルフは Korkyra (Kerkyra) として前八世紀からギリシア人に植民され、後二者もすでにホメロスにあらわれている。

〃　アエトス山をば、……オディッセウスの城塞だとしている――アエトス Aetos 山は高さ三八〇メートル、シュリーマンが信じたように、ホメロスではオディッセウスの故郷であるイタカである。しかし今日のイタカがはたして古代のイタカであるかについて議論があって、後年のシュリーマンの協力者でまた後継者ともいうべきデルプフェルトはその著「古代＝イタカ」Alt-Ithaka, 1927 において今日のレウカス Leukas 島こそ古代イタカであると主張している。両説はまだ確定していない。シュリーマンがオディッセウスの城と信じた Alalkomenai は前七世紀のもの。

〃　彼は著書……のなかで述べている――Commissions-Verlag von Giesecke Derrient, Leipzig, 1869 二一三ページ。「ハインリヒ・シュリーマンの考古学的研究」Archäologische

Forschungen von H. Schliemann と傍題にある。

咒　クマエ——(Cumae)。ナポリの北にあたる海岸にあるギリシア植民地 Kyme であって、イタリアにおける最古のものとされ、八世紀半までさかのぼられる。

吾〇　一〇〇〇年以上かかるかもしれないであろう——すなわち彼は一〇〇〇年以上を経過していると推定しているのである。

〃　朝食——Frühstück と記しているがこの場合は昼食にあたるか。

五一　ヴァティ——Vathy はすなわち Ithaki の町であり、この島の主要港、また主要都市である。

〃　エウマイオス——さきに出た「牧豚者」の名であって、長い漂浪ののちにようやく祖国に帰りついたオディッセウスが、はじめて訪ねて自分の不在中のできごとを聞いて、善後策を講ずるのはこのエウマイオス Eumaios のもとであった。そして彼に導かれて自分の邸にはいって、求婚者たちを殺すのである。

〃　ニンフの鐘乳洞——『オディッセイア』一三書一〇二―一二〇参照。ファイアケス人はオディッセウスを「麻布や光沢のよい厚地の敷物ごと持ってゆき、まだぐっすりと正体もなく寝込んでいるのを、砂浜へとおろし置」くが、この港の最も奥に「細長い葉のオリーヴ樹がある、すぐ間近に、いかにも愉しく縹渺とした洞窟をひかえ、流れのニンフ(ナイアデス)と呼ばれておいでの方々の聖所とあって、……中には絶えず泉が流れた、この洞《ほら》には二つの扉口《とぐち》があり、その一つは北へ向いていい、人間どもも降《お》りて入《はい》れる、だがいま一つの、南向きのは神々のため」

〃　ラエルテスの農場――ラエルテス Laertes はオディッセウスの父であって、都のそとに農場をいとなんでいた。『オディッセイア』二四書参照。

五二　ラエルテスが受けた激しい悲しみが語られる――農場に父を訪ねてオディッセウスは最初自分と名乗らずに、オディッセウスと行を共にした者として名乗り、父がわが子の行方不明のことを語り、慟哭《どうこく》するとき、彼ははじめて、あなたがお尋ねの者は、おん前にいる私ですというのである。

〃　アノゲ山――Anoge(ネリトス Neritos)。八〇八メートル。眠ったままでわが国土におかれたオディッセウス(五一ページ参照)。その洞穴のあたりから「それからあれがネーリトスの山、森にすっかり蔽われているのが。」(第一三書三五二)。「ネーリトスとて、森の葉影を揺《ゆす》ぶる山が際立《きわだ》って聳え立つ」(第九書二二)

〃　レウケ村――(Leuke)。イタカ島はせまい地峡によって南北にわかれるが、レウケ、今日のレフキは北部の中央辺にある。

五三　わが夫を……再認した――オディッセウスは求婚者の一人となって自分の妻ペーネーロペーに申し込む。

五四　パウサニアス――(Pausanias)。小アジア人であって、長い旅行のあとに紀元後一七五年ごろギリシア周遊記 Hellados Periegesis 一〇巻をあらわしたが、これは古代のベデカー(旅行案内書)であって、今日のギリシア考古学研究にも重要な書となっている。同書第一巻。

〃　ミケネの財宝――ホメロスは「黄金に富むミケネ」とうたっている。

〃ピレウス――(Piräus, Peiraieus)。昔から現今にいたるまでアテネの外港、いやギリシア第一の港であり、トルコ、エジプト、イタリア行きの船はかならずここに寄航した。

〃一つの温泉と一つの冷泉――『イリアス』第二二書一四七―一五六以下「流れも清い二つ泉のところに着いた、ここは渦巻くスカマンドロスの二つの流れの源が湧き出るところで、その一方は、生温《なまぬる》い湯を流すため、あたりは一面川面《かわも》から、さながら燃える火を見るよう、煙が立ってた、もう一方は、夏の間《ま》も、冷たい霰《あられ》かあるいは雪か、それとも水の凍《こお》った氷のような涼しい水を吐き出すもの、この場所へ、泉の傍には広やかな洗濯場が、すぐと接して造られていた、立派な石の、上で光沢《つや》やかな衣《ころも》をいつもトロイエー人《びと》らの容色《みめ》よい妻や娘たちが、そのむかしの平和な頃には濯《すす》ぎに来たもの、まだアカイアの子らが居ない時分は」(呉茂一訳) シュリーマンによると冷泉は摂氏一七度であった。

〃モルトケ――有名なヘルムート・フォン・モルトケ Helmuth von Moltke (1800-1891) 元帥である。彼は大尉の時にトルコに招かれて、四か年間軍隊教育にたずさわった。そして「トルコの諸状態と諸事件に関する一八三五―一八三八年の書翰 Briefe über Zustände und Begebenheiten in der Türkei aus den Jahren 1835-1838」をあらわしている。そのなかから彼のトロヤについての叙述を引用すると、「こんど私は最古の歴史的回想がこびりついている場所へ、だが時の経過が人間の営造物のあらゆる痕跡を破壊しさっているであろうところへ私の足をむけた。すなわちトロヤへだ！　それにもかかわらず数千年前の盲目の老人(ホメロス)が彼よりも数百年前に起こったと語った事件の舞台を、高い蓋然性をもって証明することができるのは、確かに注目すべきことである。自然は不変のままにある。トロヤの婦人たちが『きらきら光る衣裳』を洗った温いほうと冷たいほうの二つの泉は、依然として湧きだしている。シモエイス河は相変わらずイダ山脈――『野蛮人の源養育者』から流れくだり、渦巻く水をやさしい異父母兄弟――スカマンデル川の満々たる水と合流させている。波の音は変わりなくシゲウム Sigeum 岬にざわめいている……ホメロスが告げている王たちのすべてが、ペルガムの城壁の下で戦ったかどうかは、彼の半神たちの系譜があやしいのと同じように疑わしい。だが確かなことは、ホメロスが彼の詩をまさにこの土地に適応させ、それをあまねく知っていたということである。」

亖 海からあまり遠くへだたりすぎている――ブナルバシ(トルコの公的表示はピナルバシ)は海から八マイル、ヒッサリックは三マイル。

亗 三回もヘクトールを追跡――『イリアス』第二二書一六五―一六六。「そのように敏捷《すばや》い脚で、二人は三度も、プリアモスの都をぐるぐる廻って走る、それを揃って神々たちが眺め入られた。」

亘 イリアスが記したように――『イリアス』第五書七七三―七七四に「が、とうとう、トロイエーの地《さと》へ来たとき、二つの流れる河、シモエイスとスカマンドロスが、流れを混じえるところへ着くと、……」。その他の個所にも同様の叙述がある。

〃 ヒッサリックの美しい丘――高さはシモイス平野で海抜七・〇五メートル、第六市三六・六〇メートル、第二市三〇・八メートル。第24図参照。また第三章参照。

〃　サモトラケの聖山――エーゲ海北岸の小島であって岩山であり、古代密儀の有名な聖地があった。ルーヴル所蔵の「ニケ像」はここで発見された。A・コンツェ Conze(1831-1914)の発掘報告書がある。

〃　イダ山――(Ida)。ヒッサリックの東南方約六〇キロにあるカズ・ダグ。標高約一八〇〇から一九〇〇メートル。

五九　後世に新設されたイリオン――ストラボン Strabon(前六三頃―後一九頃)の言う「新イリオン」「今日のイリオン」。

〃　少数の孤立した学者だけが彼と説を同じくしていた――英語版『イリオス』二〇ページ参照。少数の学者はブナルバシ説を斥けていた。

三　トロヤ

六二　私はそこへ私の妻、ソフィア・シュリーマンを同伴した――じつは一八五二年にロシアで結婚して三子を成したが、一八六九年に離婚していた。

六五　ヒマシ油、アルニカ、キニーネ――ヒマシ油は下剤に、アルニカはキク科の多年生草で丁幾《チンキ》にして、キニーネはマラリアのような熱病に対して用いられる。

〃　そこでの彼の経験――『イリオス』の付録に第五章としてフィルヒョウみずから「一八六九年トロアスにおける治療」を執筆している。

〃　イリオス＝アテナ――トロヤの神のことであって、『イリアス』第六書に、トロヤ軍の形勢はわるい、ヘクトール Hektor は城中に帰って、母のヘカベー Hekabe にアテナ神を祭れとすすめる。そこでヘカベーは星のようにかがやくシドンの織物の一枚を神に献じて祈る「アテーネー女神よ、女神のうちにも高く貴く、城をお護《も》りのあなた様が、何とぞディオメーデースの槍をへし折ってやり、またその身さえも、スカイア門のすぐ前でつんのめりに倒《たお》れ死なせて下さいませ、そうしたらば今すぐにも、十二匹の牛を社殿の中で、一年仔の、また笞《しもと》にも触れてないのをお献げ申すでござりましょう、もしや御神がこの都やトロイエー人《びと》の家妻や頑是ない子をお憐れみなら」(三〇五—三一〇)。

六六　丘に人が住んでいなかった——発掘の結果はもとより新石器時代から人間の住居の跡があった。なお次注参照。

〃　ホメロスの言葉から——『イリアス』第二〇書二一五以下、「ことの始めはダルダノスを、群雲を寄すゼウスが設《もう》けたもうて、ダルダニエーの都を建てた、その頃まだ聖《とうと》いイーリオスは、物思う人間どもの城市としてこの平原に築かれてはいず、人々はまだ、泉に豊かなイーデーの山の麓《ふもと》のあたりに住居していた。」

〃　リシマコス——(Lysimachos. 355-281 B. C.)。アレクサンドロスの部将であったが、大王の死後トラキア王となる。一時またマケドニア王ともなったが、セレウコス Seleukos との戦いで死んだ。

六八　それのさまたげになるものを取りのぞいた——彼はあまりにホメロスの世界にのみあこがれたために、途中の層序をまったく乱してかえりみず、その発掘法もその報告も粗雑であり、また乱暴であったと非難される。

六九 絵——ギリシアの壺絵の主題はおもに神話である。

〃 デパス・アンフィキュ・ペルロン——二つの把手のある杯とは文字どおりの意義であるが、把手がはなはだ大きくて、第3図のような形のもの。

〃 ディオゲネス——(Diogenes)アレクサンドロス大王時代、シノペ Sinope 出身、アテネのストア派の哲学者であって、簡素な自然生活を説き、つねに桶《おけ》を住家としたという。

七二 「鉤十字」——「鉤十字」と訳するけれども、「逆万字」である。

七三 アジアの奥地から取りよせた軟玉——アジアからとは今日ではいえない。

七六 破壊されたトロヤ——第二市であった、このために「焼市」die gebrannte Stadt とよばれ、トロヤ九市のなかでもっとも豪華な、少なくとももっとも華麗であった時期。第五章参照。

〃 婦人のなかでもっとも美しい人が……敵の英雄たちの姿を指ししめした——『イリアス』第三書一四〇以下に描写。「(ヘレネーは)そのまますぐと白くかがやく麻の衣《きぬ》をひきかずいたまま、奥の間を馳せ出る。その面《おもわ》にはつぶらな涙をこぼしながら……皆はそれからたちまちにして、スカイア門のところに着いた。さて(老王)プリアモスや……これら国家の長老たちは、折しもスカイア門に座をしめていた……プリアモスはヘレネーに声をかけ呼んでいうよう、『ここへ来て、いとしい子よ、私の前のところに腰をおろすがよい、そなたのむかしの夫だの、また縁者や友だち等を眺められるよう。……さればさ、あそこに見える、ことに巨きな武士《さむらい》の名を教えてくれよ、それ、そこな堂々として丈《たけ》の高いアカイア武士は何者であるか』……」といったふうに彼女はアガメムノン Agamemnon、オディッセウス、アイアース Aias などについて彼らをみながら感慨をこめて説明するのである。

七七　後年にはじめてわかった――デルプフェルトによると、ホメロス時代のトロヤは第六市であって、財宝こそ少なかったが、その宏壮の点においては第二市をしのいでいた。このことは学界の承認をえていた。しかし最近にアメリカのブレーゲンらの徹底的な発掘研究によってホメロスのトロヤは七市Aと決定された。

四　ミ ケ ネ

八二　二つの巨大な岩――マルタ Marta（八一一メートル、あるいはハギオス・イリオス）とザラ Zara（六〇〇メートル）。アクロポリスはその最高点で二七八メートル。

〃　キクロペス族――隻眼の巨人。『オディッセイア』第九書参照。

〃　ここから地方を支配していた――ペルセウス Perseus がミケネをたてて、その子孫がこれによったが、ペロプス Pelops のために亡ぼされ、その後は彼の子アトレウス Atreus、ついで孫アガメムノンにいたる。

八三　一つのギリシア神殿が建てられた――前七世紀にドリス式神殿が建てられ、今日もなおその礎石だけは残っている。

〃　黄金に富むミケネ――『イリアス』第七書一八〇、第一一書四六、『オディッセイア』第三書三〇五。

八四　ヘライオン――ミケネの西南約四キロにある。アルゴリス地方 Argolis（ミケネ、ティリンス、アルゴスなどのある地方）ではミケネ時代にあってはミケネが政治上の中心であったが、ヘライオンは宗教上の中心であった。後世すなわち八世紀以後もまたそうであって、今日この小丘には数段になってギリシア神殿の跡がある。

八六　文部大臣――文字どおりは「人間開化大臣」。

八八　モティエ――(Mothe, Motia)。シシリア西岸にあって、Mothye とも書く。

〃　キジコス――(Kyzikos)。マルマラ海の南岸の小島アルクトネソス Arktonesos（今日のカプ・ダグ Kapu Dagu 島）の南端にあって、ミレトス Miletos によって開かれたが、本土とは一キロにわたる二つの砂嘴によって結ばれ、通商の要地として古代ばかりでなく中世にも栄えた。

八九　ミケネ博物館において――トロヤ発掘品のように分割せず、シュリーマンはここの発掘品は一括してギリシアに提供した。そのために今日アテネの国立博物館は世界唯一のミケネ文化の博物館となり、その後の各地の発掘品をも加えて、同館の数室を満たしている。

〃　造営物――いわゆる「クリタイムネストラ Klytaimnestra の墓」であって、また「シュリーマン夫人の墓」ともよぶ。その穹窿《きゅうりゅう》は落ちて、破壊がひどかったが、最近に見事に復原された。大きさは「アトレウスの宝庫」に匹敵する。

九〇　内室――穹窿室すなわち祭室のこと。

〃　せまい通路――墓道（ドロモス dromos）。

〃 ギリシアの監督官……の抗議――墓道にあるギリシア時代の家の跡を取り除くことは許さなかったという（『ミケネ』六二ページ参照）。

〃 蛇腹《ジムス》――墓道より祭室にはいる入口の梁の部にあたり、そこに円盤形をつらねた装飾をかざった。

九三 彼の叙述――パウサニアス二巻七章に「クリタイムネストラとアイギストスとは城壁からすこし離れて葬られた。彼らはそのうちにアガメムノンおよび彼とともに殺されたひとびとが横たわれる場所には適さないと思われた。」トロヤ遠征から帰ったアガメムノンは酒宴の席上で殺されるのであるが、原文に傍点を付した部分を、これまでのひとびとが都市の城壁と考えたのにたいし、シュリーマンはアクロポリスの内部と考えて（『ミケネ』六七ページ以下）成功したが、それは彼の誤読であった。

〃 大きな弧状をえがいてとり囲んでいた――獅子門をはいってすぐ右手にあり、二重円をつくっているが、その直径二六・五メートル。「円形墓地A」である。

九五 カルヴァティ村――（Charvati）。古代ミケネの遺跡の入口にある小村、ここから約一・八キロの谷間の道がアクロポリスに通じる。今日はミケネと改称されて土産物店がならぶ。

〃 五つの墳墓――後にも一つ発見されて、その竪穴墓は計六個を数える。

〃 一五個の屍《し》体《たい》――後の発掘分を加えて計一九、そのうち男子は九体であった。

九九 双斧――ラブリス Labrys のことで、両刃のおのである。それはミケネ文明の師であったクレタ文明では聖なる印であった。そして祭壇ばかりでなく、容器の装飾文様に、宮殿の軒や部屋にも見られた。

〃 東方——この場合いうまでもなく小アジア両河地方。

一〇〇 チャールズ・ニュートン——(Charles Thomas Newton, 1816-1894)。ことに小アジアにおけるギリシア考古学に多大の貢献をした。ミハエリス Michaelis 原著、浜田博士訳『美術考古学発見史』一六九ページ以下参照。

〃 四羽の鳩でかざられていた——『イリアス』第一一書六三二—六三五。

〃 黄金の鳩をくっつけた杯があらわれた——『ミケネ』二七二ページのさし絵(Nr. 346)第四墓出土。

〃 一つの屍——第五墓。『ミケネ』三九〇ページ以下。

一〇三 老グラッドストーン——当時英国首相W・E・グラッドストーンW. E. Gladstone (1809-1899) であって四一ページにわたる大序文。

〃 英語版とドイツ語版とが同時に出版された——ドイツ語版は四四二ページ、さし絵、図版、プランなど七〇〇以上。しかし刊行されたのは一八七八年。扉に「謹みてギリシア国王ゲオルギオス一世陛下に捧ぐ」と記し、副題として「ミケネとティリンスにおけるわが研究と発掘の報告」とある。

五　トロヤ、第二回と第三回発掘

一〇六 ルメリア——(Rumelia)。当時のヨーロッパ・トルコの一部で、今日のブルガリア地方にはいる。

〃「トロヤ最後の王か支配者の家」――"Das Haus des letzten Königs oder Oberhauptes von Troja"

一〇七 ルードルフ・フィルヒョウ――(Rudolf Virchow. 1821-1902)。病理学者で政治家。その活動はひろく、ベルリン大学病理学教授、病理博物館創立者、人類学雑誌 Zeitschrift für Ethnologie 編集者、ベルリン人類学会長、さらにプロシア下院議員としては進歩党 Fortschrittpartei の創立者であって首領、シュリーマンを大いに助けてこの方面の著作には Zur Landeskunde der Troas (1880), Alt-Trojanische Gräber und Schädel (1882), 彼がシュリーマンをかばいひき立てたことはじつに大きく、そのうえ家庭のことについても最大の相談者であった。

〃 デメトリオス――(Demetrios)。英語版『イリオス』一七三ページ以下参照。

一〇八 多角形《ポリゴナール》の石片――四辺形でなく、五辺形以上の加工した石造であって「キクロプス式城壁」より新しい。

〃 いわゆる第三市――実は焼市は第二市。一二五ページ参照。

一〇九『イリオス、……。Ilios……』――英語版も同様に Ilios: The City and Country of the Trojans: The Result of Researches and Discoveries of the Site of Troy and throughout the Troad in the years 1871-72-73-78-79, 1800, London, John Murray. この著書はフィルヒョウの序、序説としての著者の自叙伝とトロヤにおける仕事の記述、第一章トロヤ人の国土、

第二章トロヤ人の人類学、トロアスにおけるトロヤ人の領地、トロヤの風土、第三章トロヤの歴史、第四章ホメロスのイリオンの真の場所、第五章ヒッサリック丘上の先史第一市、第六章トロヤの地における先史第二市、第七章第三市すなわち焼市、第八章トロヤの地における先史第四市、第九章トロヤの先史第五市、第一〇章第六市、おそらくリディア人の植民地、第一一章第七市、ギリシアのイリオンすなわち新イリオン、第一二章英雄の墓と呼ばれるトロアスにある円錐形墳墓。そして付録としてフィルヒョウをはじめマハッフィ Mahaffy (1839-1919), セース Sayce (1846-), ブルクシュ・ベイ Brugsch-Bay (1827-1894), などの教授連やカルヴァート領事などが書いていることは後にあるとおり。さらに英語版によると約一八〇〇のさし絵と地図。

二一　ひもを通す……穴があいている――把手はふつうその壺を手に持ち、あるいは持ち上げるために垂直につけられているが、主として農牧民にあってはひもを通して獣類の鞍《くら》や首にぶらさげる、すなわち提瓶の形である。

〃　ブーローニュ＝シュール＝メール――(Boulogne-sur-Mer)。ドーヴァー海峡のはずれカレーの南方。

二二　中国から報告をよこした人――アシャンティス(Ashantis)は旧英領西アフリカであって、一八七三―七四年にわたって英国と戦った。この戦いのときの分捕り品についてわざわざ中国から通知してきたのはH・W・ゴードン Gordon. 英語版三五二ページ以下参照。

二三　難問を取り扱い――『イリオス』付録第三編「ヒッサリックにて発見された銘文」。

〃　報告を……論じた――同書付録九「トロイアとエジプト」。なお第八「ヘラ・ボェピス Hera Boöpis」。

〃　報告した――同書付録四「ティンブラ、ハナイ・テペ Hanai-tepe」。

〃　他のひとびとも……他をおぎなっていた――次のフィルヒョウとビュルヌーフ Burnouf を除いてはほかに、「新トロイアとホメロスのトロイアとの関係について」J・P・マハッフィ Mahaffy 教授、また付録第六は「植物目録」でJ・シュミット Schmidt (1864-?) 博士、テオドル・フォン・ヘルドライヒ Th. von Heldreich 教授、P・アシャーソン Ascharson 教授、F・クルツ Kurtz 博士。また第七「失われた銅を固める技術について」A・J・ダッフィルード Duffield.

〃　ビュルヌーフと……フィルヒョウ――本文中随所に彼らの名は出ているが、付録編のなかにもフィルヒョウ教授は「トロイアとヒッサリック」「一八六九年トロアスにおける医学的処置」の二編がある。

二六　サウス・ケンシントン博物館――South-Kenshington-Museum はすなわち The Victoria and Albert Museum のことであって、大英博物館 The British Museum が主としてギリシア・ローマをはじめその他西洋古代に重心をおくのに対して、ここはより広い諸国と時代の美術工芸に主力がおかれている。

〃　彼の著書――「トロヤの古蹟 Trojan Antiquities」などを指す。

二七　ベルリン人種博物館――Museum für Völkerkunde はその名のように諸民族のものを集め

てあるが、その第二部はヨーロッパの氷河時代からカロリング王朝までの主として先史時代的遺物を並べ、そこの二室をシュリーマンのトロヤ発見物が占めている。これについてはH. Schmidt, Heinrich Schliemanns Sammlung Trojanischer Altertümer, 1920. しかしこの博物館は、第二次大戦で破壊されたままである。

三〇　オリンピアにおけるドイツ帝国の発掘――一八七五年から一八八一年にわたって、クルティウス Curtius (1814-1896) やアドラー Adler (1827-1908) を総指揮として、多数の学者の協力のもとに行なわれて、費用八〇万マルクを費したものであるが、その結果はまた驚くべきものであった。諸建築の発掘のほかに、約一三〇〇〇の青銅製品、六〇〇〇の貨幣。一〇〇〇の土偶、一三〇〇個の彫刻(そのうちにはプラクシテレスのヘルメスやパイオニアスのニケ像もある)、四〇〇の記録。Curtius-Adler-Hirschfeld, Ausgrabungen zu Olympia, 5 Bde., 1876-81. Curtius-Adler, Ergebnisse der Ausgrabungen, 9 Bde., 1887-37. 簡単にはCurtius, Olympia. 今日オリンピア博物館の入ったところにクルティウスとデルプフェルトとの胸像が立っている。ドイツの生んだ二大考古学者を世界に誇るように。

〃　ヴィルヘルム・デルプフェルト――(Wilhelm Dörpfeld, 1856-1940)。彼の生涯はギリシア考古学にささげられた。本書に見られるシュリーマンとの共同のほかにもアテネのドイツ考古学研究所員として各地に発掘を行ない、一八八七年にはその所長となり、一九一二年までその職にあったが、その後も居をレウカス島(オディッセウスの故郷)に定めてここにその生涯をおえた二〇世紀最大の考古学者の一人である。主著 Troja und Ilion, 1902, 2 Bde., Alt-Ithaka, 1927, 2 Bde. Alt-Olympia, 1935, 3 Bde. Alt-Athen und Seine Agra, 1937-39, 2 Bde.

三一　第三市ではなかったことを認定した――ここにおいてトロヤ九市の層序が確立した。デルプフェルトによると第一市（紀元前三〇〇〇―二五〇〇）、第二市焼け市（前二五〇〇―二〇〇〇）、第三、四、五市（前二〇〇〇―一五〇〇）、第六市（前一五〇〇―一〇〇〇）、第七市（前一〇〇〇―七〇〇）、第八市はギリシア時代であって前七〇〇年ごろ、第九市は「新イリオン」でローマ時代のもの。しかしブレーゲンによると（Troy, 1963）次のようになる。彼の年代も動いて初頃とは変る。

第一市（前三〇〇〇―二五〇〇）、第二市（前二五〇〇―二二〇〇）、第三市（前二二〇〇―二〇五〇）、第四市（前二〇五〇―一九〇〇）、第五市（前一九〇〇―一八〇〇）、第六市（前一八〇〇―一三〇〇）、第七市A（前一三〇〇―一二六〇）、第七市B（前一二六〇―一一〇〇）、第八市（前七〇〇―二五〇）、第九市（前二五〇―紀元後四〇〇）、しかしトロヤの年代はまだ議論の余地が多い。

〃　ギリシア神殿をおもわせた――いわゆるメガロン Megaron 様式であって、一三二ページ注参照。

〃　まだ円柱はあらわれていなかった――トロヤのメガロンのポーチには柱が使われていない。

三三　プロテシラオス――（Protesilaos）。テッサリアのフィラケ Phylake 出のイフィクロス Iphyklos の子であって、ヘレネーの競争者の一人。トロヤ上陸のときに死んだ。『イリアス』第二書七〇一以下。

六　ティリンス

一二五　ひとつの丘――ティリンス Tiryns の丘は、靴底のような形をして南北に細長く伸び、長さ約三〇〇メートル、幅一〇〇メートルから六〇メートル。その南半はいわゆる「上市」であって標高二六メートルから二四メートル、宮殿はここを占める。「下市」の標高は約一六メートルで今日まで十分に発掘されていないが、おそらく臣下の住居あるいは集合地であって、たいしたものはないと考えられている。シュリーマン、デルプフェルトの後には、二〇世紀にはいってドイツ考古学会がローデンワルト Rodenwaldt らの指揮のもとに徹底的な発掘を行ない、記念的な大報告書三巻(1912-1930)を発表した。このティリンスの遺蹟は第一にミケネ時代の城塞のプランをもっとも明晰にわれわれに残していること、そしてその中心建物のメガロンはよくギリシア神殿の核室を示すこと、第二はそこの壁画によるミケネ時代の絵画を、すなわち、クレタ文化の影響下にあるとはいえ、十分にギリシア的本質を示す絵画であったことである。以上の点においてはミケネより以上の材料と証拠とを提供した。

〃　プロイトス――(Proitos)。ティリンス王アバスの子であって、双生兄弟であるアクリシオス Akrisios と争う。リキア人のイオバテス Iobates の女アンテイア Anteia と結婚した。

〃　ミケネのエウリステウス王――いわゆるミケネ王国とも呼ぶべきもので、アルゴス平野に本拠して、ミケネ時代のギリシアにおける最大勢力であった。これとほぼ同じくらいに有力なのは中部ギリシアのオルコメノス Orchomenos とペロポネソスのネストル王国であった。

一二六　ナウプリアの町――Nauplia あるいはナウプリオン Nauplion. 今は人口九〇〇〇余の港市であって、城山を背後にひかえ、わずかの間ながらギリシアの首府であった。静かなナウプリア湾の彼岸にはペロポネソス中央部の山々がつらなり、この湾内の碧波の上には古城が浮かぶといった風光明媚の地。

一二七　レプタ――(lepta)。ドラクマの百分の一。今日のドラクマとは異なる。

〃　レツィナト――(Retsinato)。ギリシアでは白ぶどう酒を普通として、それに松の樹脂を混じてやや渋味のあるもの。

一三〇　倉庫――ガレリーと呼ばれて七室が一列になっている倉庫。

〃　門の歩廊――従来「大楼門」、プロピライア Propylaia.

〃　城塞の平和――(Burgsfriede)。城内の平和。

一三一　犠牲用の斧――両刃の斧《おの》で、ラブリスと呼び、聖なる表徴としてクレタの信仰の特色であり、ここからミケネ世界に伝わったのである。

〃　上方が太くなる高い円柱――下ほど細くなる円柱はクレタ建築のもっとも顕著な特色であって、それがミケネ文明に受け入れられた。しかしミケネではこの柱をメガロン建築に、時には刻文をもって飾った。

一三三　その中心に……炉があって――これは典型的なメガロンである。それは暖を第一とする住居、すなわち玄関(ポーチ)、前室、そして炉のある主室(広間)が相接した間口より奥行の長い建築様式で、早くトロヤ第二市にもあったが(一二一ページ参照)、ミケネ時代に完成して主室にほぼ正方形、奥行は間口の約二倍という、ギリシアにおいて以上の簡明な美しく整った形の定型となったのである。またこの主室だけをメガロンとも呼ぶ。前庭に面して城塞の中心がある。

〃 中庭と広間と小室とをもって……まとまっている――メガロンはギリシアまたミケネ建築の単位であって、それがせまい時にも他の部屋をつけ加えずに、さらにメガロンを建てるのである。ティリンスでは王の、すなわち男子のメガロンの他に女子のメガロンや小メガロンがあった。

〃 出撃門――秘密に城壁のそとに出る道のことで、西側中央部にある。

一三 『ティリンス』――Tiryns, Der Prähistorische Palast des Königs von Tiryns, 1886.

〃 アッティカ――たとえば、エレウシス Eleusis, アテネ、メニディ Menidi, スパタ Spata, アカルナイ Akarnai. 以下に列挙してある地方名からもミケネ文化圏が推定される。

〃 ボイオティア――オルコメノスをはじめゲラ Gela, テーベその他。

〃 テッサリア――イオルコス Iolkos など。

〃 ギリシア諸島――テラ Thera, デロス Delos, メロス Melos など。

〃 小アジア海岸――エフェソス、ミレトス、リンドスなど。

〃 キプロス島――エンコミ Enkomi, サラミス Salamis など。

〃 ナイル河の三角洲――テル・エル・アマルナ Tel el Amarna, テーベ(エジプト)など。

〃 シシリア――マグニシ Magnisi など。

〃 ボイオティアのオルコメノス――Orchomenos, Bericht über die Ausgrabungen in böotischen Orchomenos. いわゆる「ミニアス Minyas の宝庫」であって、墓道は幅五・一一メートル、穹窿室すなわち祭室は高さ一三・八四メートル、直径一四メートル、墓室は高さ二・四〇メートル、幅二・七五メートル、奥行三・七四メートルあってミケネの「アトレウスの宝庫」よりは大きい。ミニアスはテーベの伝説の王。

一二四　それはギリシア人だったであろうか――「然り」といえる。ミケネ人はギリシア人であった。それだからエーゲ文明は、その前期であるクレタ文明と後期であるミケネ文明が主流であって、同一性質の面を持つにかかわらず、その荷担者が異なることからしてエーゲ文明の前期と後期とには表面上の類似をこえて本質的な差異が認められるのである。

〃　鉄が人間を引きよせている――前一一〇〇年―一〇〇〇年ごろにわたっていわゆる「ドリス人の侵入」があり、これは青銅文明であるエーゲ文明の崩壊であるとともに、ギリシアにおける鉄器文明の開始であった。ドリス人こそ最初に鉄の道具と武器を持った民族であった。

一二五　求婚者たちが饗宴をひらいている――オディッセウスの留守中に多数の求婚者が彼の宮殿に集まってその妻ペネーロペー Penelope に求婚して、宴飲狼藉《ろうぜき》する。『オディッセイア』第二書。

〃　王はオディッセウスを男子用広間にむかえると――『オディッセイア』第七書、トロヤから凱旋の途中難破して漂流するオディッセウスはファイアケス族の国に着き、そこの王アルキヌース Arkinous とその妻の前でおのれの苦難の悲しき物語をする。

一二七　アスタルテ――(Astarte)。両河地方ではイシュタール Ishtar と呼ぶ女神。

〃 カドモス、ダナオス、ペロプス——カドモス Kadmos はテーベの王。ダナオス Danaos はアルゴリスの王。ペロプス Pelops はペロポネソス半島エリス Elis の王、その子孫は後にミケネ王となる。カドモス、ダナオス、またペロプスは伝説によると、いずれも東方諸国と関係がある。

一三六 ギリシアの住民が……強く東方に依存——この東方とギリシア本土との密接な関係からして、両者の中間にあるクレタ島が注目されてくることは、次章にあるとおりであって、ついにエヴァンス Evans のクレタ文明発見というシュリーマンのトロヤ、ミケネの発掘に比べられる考古学上の大成功がおこる。

七 晩 年

一四〇 「イリオンの小屋」——シュリーマンは「小屋」というが、字義は宮殿であり、このシュリーマンの家もむしろそれに似ている。

〃 ベレロフォンにテラモン——ベレロフォンはコリント王子であって、怪物キマイラを退治し、テラモンはペレウスの兄弟で、アルゴナウテースの一人、あるいはカリドニアの猪狩りに従った一人。

一四一 アンドロマケーとアガメムノン——いずれもホメロスの詩からとった名であるが、アガメムノンはトロヤ遠征軍の総大将、アンドロマケー Andromache はトロヤ王子ヘクトールの妻であって、テーベの王女である。

〃　ビザンツ時代――だいたい紀元後四世紀から一五世紀にかけてコンスタンティノープルに都して、小アジア、シリア、バルカン半島を支配していたギリシア＝ローマ＝キリスト教的帝国、また東ローマ帝国ともいう。

〃　ペンローズ――F・C・ペンローズ Penrose はギリシア建築の研究に幾多の業績を残したが、ことにパルテノンとプロピレイオンの精細な実測によってギリシア建築の美の本源を明らかにした。

一四三　ルクソール――(Luxor)。カイロから約四六〇マイル、ナイル河にのぞみエジプト新帝国の首都テーベであって、ルクソール神殿、カルナク Karnak の諸神殿があり、対岸には帝国の王陵が多い。

〃　エウリピデス――ギリシアの悲劇作家(489-407 B. C.)で現在伝わる作品は約一八編。

〃　朝食――朝食とあるが、昼食にあたる。

一四四　フィルヒョウの追憶記――(原注)。Gartenlaube 一八九一年四号と七号参照。

〃　ラムセス――(Ramses)。第一九王朝の英主(1290-1224 B. C.)であって、ヒッタイトを破って北シリアにいたる大帝国を維持し、大神殿を建て文化的経済的にも新帝国はその治下で最盛期にあった。

〃　ヒッタイト人――インド・ゲルマン人種の一種であるが、小アジアに侵入して国をたて、土着民と混血した。前一五世紀ごろにもっとも振い、ボガズキョイ Boghazköi(トルコ首府アンカラ Ankara の東方)に都し、ラムセスの軍との決戦がカデシュ Kadesh で行なわれた。ラムセスの進攻は止められて、北シリア地方のヒッタイトの勢力は維持された。

〃　カデシュの包囲――前一二九五年。カデシュは北シリアの地。

〃　クノッソス――中部クレタの北岸、ヘラクリオン Heraklion の南約五キロ。クレタ文明の中心であって、エヴァンスが、ここを発掘してクレタ文明を明らかにした。

一四五　「ミケネ」文化が東方からギリシアへ侵入――クレタ文明の発見と確立とともにミケネ文明は東方からではなく、クレタからギリシアに伝わったものであった。

〃　ミノス王――ツキディデスは記して「ミノス Minos は伝説によると最初の海軍の所有者であって、現在のカリア Karia 人を島々から追い払い自分の子らをしてそれらを支配せしめ、また己が収入を保護せんがために海賊を掃蕩した」(一章四節)と。彼の名からして、クレタ文明は一つにミノア文明とも呼ばれるが、彼は「伝説」の王であったとしても、彼とクノッソス宮殿との関係は疑うまでもない。

　そしていまクレタにシュリーマンが「文化が東方からギリシアへ侵入するのを仲介した、橋杭を発見」しようとここに著眼したことはまことに驚くべき炯眼《けいがん》であった。というのはついに英国のエヴァンス Sir Arthur Evans (1851-1941) のクノッソスにおける今世紀最大の発掘をはじめクレタ各地の発掘によって、シュリーマンの予想は完全に実証されたからである。クレタ文明はエジプトまた両河地方と匹敵する最高の青銅文明であった。その隆盛期はことに前一七〇〇年ごろから一四〇〇年ごろにわたり、クレタは東地中海の女王であった。華麗多彩な陶器、壁画、数階建の宮殿、都市生活、最盛時のクノッソスは人口八万余と推定されて、当時世界第一の都であったであろう。そしてこの文明を亡ぼして継承したもの、すなわち北方から南下したギリシア民族によってなれるものがミケネ文明である。しかし両文明には共通点が多くそれでエーゲ文明は前期と後期とに分たれる。クノッソスについてはエヴァンスの記念碑的大著 The Palace of Minos at Knossos, 4 vols.(クノッソスにおけるミノス王宮殿、四巻七冊)がある。

〃　暴動――クレタ島がギリシアに合併されたのは一九一二年のことで、それまでトルコの支配に対して絶えず暴動を起こしていた。

一四六　「パラス・アテナ万歳」――パラス・アテナ Pallas Athena はアテナ神の異名。トロヤには天から降りてきたこの女神の像があって、この像がこの町にある限りは、敵に征服されないと信ぜられていた。それで「パラス・アテナ万歳」とは「トロヤ万歳」くらいの意。

一四七　一冊のすぐれた書物――書名は『現代科学の光の下におけるトロヤ、ティリンス、ミケネ、オルコメノス、イタカにおけるシュリーマンの発掘』Carl Schuchhardt, Schliemanns Ausgrabungen in Troja, Tiryns, Mykenä, Orchomenos, Ithaka im Licht der heutigen Wissenschaft. で、一八九〇年にようやく刊行された。シュッフハルトの活動はペルガモン Pergamon やテル・ハラフ Tell Halaf などの実際的方面のみでなく、Alteuropa, 1918 のような先史ヨーロッパの総観的な著作にもある。

一五三　豊饒の角――宝庫の意味。ゼウスの幼時に神の飲物と食物を与え育てた牝山羊アマルティアの角《つの》の伝説から、尽きぬ豊かさをしめすもの。

〃 第二の建物——第六市すなわちホメロスのトロヤまたミケネ時代のトロヤの建物である。

〃 嘴壺——(Schnabel kanne)。その口が鳥の嘴《くちばし》のように突出してまた腹部にくらべて大きなものであって、ミケネ時代以前のもの、だいたいにおいてギリシア以前のエーゲ海の先住民の残すところである。

一五五 短い仮の報告——Bericht über die Ausgrabung Troja in Jahre 1890. 一八九二年刊行。

一五六 皇太子コンスタンティノス——ゲオルギオス Georgios 一世(一八六三—一九一三)はイオニア諸島を回復し、ついでその皇太子であったコンスタンティノス Konstantin 一世が即位し、一九一三—一七、一九二〇—二二まで在位。

〃 古跡総監督——Generalephor der Altertümer は全国の史蹟監督官であって、つねに単なる官吏でなく学者が任命される。カヴァディアス Kavadias はギリシアの代表的考古学者である。

一五七 古代ギリシアふうの霊廟——アテネ市の南部にヒトメス山を背にして、糸杉の美しい墓地があり、そこに壮麗な大理石の霊廟が立っている。

〃 ゼウス・オリンピア(Zeus Olympia)神殿——ペロポネソスのオリンピアからゼウスを請いて、ここに神殿を建てた。今は紀元一世紀ごろローマのハドリアヌス帝(76-138)のころに竣成した神殿の巨大な柱が、一六本だけ残り立っている。高さ一六メートルのコリント式巨柱が常に南国の紺碧の空に、かつては白かったペンテリコン Pentelikon 大理石が二〇〇〇年の風雨に錆色に染まって、そそり立っている。

あとがき

シュリーマン伝について

本書は、シュリーマンの「自叙伝」Heinrich Schliemann, *Selbstbiographie bis seinem Tode vervollständigt*（初版一八九一、再版一九三六）の訳である。「古代への情熱」は原著の書名でなく、説明的な仮題である。この「自叙伝」はただ普通の学者の伝記とちがって非常に変化にとんだ人生と非常にすぐれた人間をあらわして、小説的な興味さえあるので、有名であって、他国語の訳もでている。しかしこの「自叙伝」は、シュリーマン夫人のまえがきにもあるように、彼の著書『イリオス』（一八八一）の「はしがき」として自分で書いた第一章、すなわち「少年時代と商人時代」だけが、厳密な意味での自叙伝である。それは六〇歳になっていた彼が、自分がへてきた波瀾にとんだ生涯をしみじみとなつかしそうに回顧したものであるが、それだけではなくもっと積極的な意図があったと思われる。でなければ、発掘報告的な学術書に自叙伝をつけ加えることはない。当時の彼は学問的にも世間的にも大成功をおさめて世界的名声をえていたが、なお多くの強い反対者をもっていた。それで彼は自分の学問への情熱と苦行とを示して、自分の学問的信念のなみならぬ深さと根底とを知らせようとしたのだといえよう。だから、この章はシュリーマンという学者の全人間をここに表明しているのであり、彼の人間的魅力へ近づくかぎである。そして第二章以下は彼の死後に、未亡人の委託によって第三者であるブリュックナーがシュリーマンの諸著書のなかから巧みに引用して、彼の学問的業績とともに、彼の人間としての成長をしめしたものである。

それでこの「自叙伝」は、トロヤ文明ミケネ文明、というこれまでなんぴとも知らなかった輝やかしい二大文明の発見史とその文明の姿を伝える学術書であるとともに、さまざまな移り気で無情な運命にたえて自分の生涯の目的と希望を失わず、不屈に剛毅に努力し、成長してゆくとうとい人間記録の面をもそなえている。この「自叙伝」はあまりに小説的に、あるいはあまりに教訓的に書かれすぎていると、人は思うかもしれない。本書からえられる感激には多少割引きしなければならないと人はいうかもしれない。しかしながら、シュリーマンの人物やその学問的業績については他に批判や攻撃があり、またあったとしても、彼はこの「自叙伝」で故意に筆をまげ、自分をいつわってはいない。彼がこの「自叙伝」において、何のこだわりも邪気もはったりもなしに自分をそのままにあらわしていることは、今日ではだれも疑う人はない。このシュリーマンの「誠実」がこの「自叙伝」を裏づけているのである。

しかし彼の評伝としては、も少し変わった、いや、この「自叙伝」にふれていない、あるいは批判された正当なシュリーマンの姿があるべきであろう。その学問的な立場からの評価はあとでのべるとして、彼の人物を――学問もともに――知る他の直接史料として多くの手紙がのこされている。彼はじつに多くの手紙を書きのこしたが、それらを選択して編集したのが、マイヤー編『シュリーマン書翰集』*Briefe von Heinrich Schliemann, Gesammelt und mit einer Einleitung in Auswahl*, 1936. である。収められた手紙は二三三通で、独、仏、英、希、伊その他の各国語にわたり、彼が商人として学者として、いかに計画し努力し、成功し失敗したかが、よくわかるばかりでなく、彼の人となりや生活ぶりがうかがわれて興味深い。編者のマイヤー Ernst Meyer はシュリーマンの研究家であり、この書翰集の「まえがき」として六〇ページにわたって、シュリーマンを評論している。それははなはだ中正な評価として価値がある。なおマイヤーは Heinrich Schliemann, *Kaufmann und Forscher*, 1969. を著わして、標準的なシュリーマン伝とした。

また有名な伝記作家エミール・ルドウィヒに『トロヤのシュリーマン』Emil Ludwig, *Schliemann von Troja*. がある。シュリーマンは一二歳の時から没年まで五十余年にわたって日記をつけ、ノートを残した。このような材料や未刊の手紙、当時の新聞記事などをあさって、非常にいきいきとした筆で書かれたのが、この本である。自叙伝よりはより小説的に、だがより全人間的に、また時代のなかにおけるより個性的な人間が、ここにえがかれている。また最近のドイツの読書界で猛然と読まれ各国語に訳されてもいるツェラム『神々、墳墓、学者』C. W. Ceram, *Götter, Gräber und Gelehrte.* という考古学発見物語りとでもいうべき書物にも、シュリーマンの章がある。「自叙伝」やルドウィヒにもみられないシュリーマンの片鱗やその発掘品の最近の運命にもふれている。

シュリーマンの著書と発掘品

シュリーマンは多くの著書を書いた。活動的でまた多少は好事家《こうずか》的《てき》であった彼は、発掘の仕事を終えるごとに、いや、仕事の最中から書きつづけて、それをまとめて著書ができた。その著書のたいていは「自叙伝」中にふれてあるが、その主なものをここにあげると、

Chine et Japon, 1867.

Ithaka, der Peloponnesos und Troja, 1869.

Trojanische Altertümer, Bericht über die Ausgrabungen in Troja, 1874.
Troy and its Remains, 1874.
Mycenae, A *Narrative of Researches and Discoveries at Mycenae and Tiryns*, 1878.
Ilios, the City and Country of the Trojans, 1880.
Ilios, Stadt und Land der Trojaner, 1881.
Mykenae, Bericht über meiner Forschung und Entdeckung in Mykenae und Tiryns, 1878.
Troja, Ergebnisse meiner neuesten Ausgrabungen auf der Baustelle von Troja und Orten der Troas im Jahre 1882, 1884.
Tiryns, Der prähistorische Palast des Königs von Tiryns, 1886.
Orchomenos, Bericht über die Ausgrabungen in böotischen Orchomenos, 1881.
Bericht über die Ausgrabungen in Troja im Jahre 1890, 1891.

ここにあげた多くはドイツ語版だが、ほとんど英語版があり(彼の手による)ドイツ語版より早く出版されているのもある。またフランス語版も彼が書いている。これらの発掘報告はまた研究書だが、すべてが早急にまとめられたものだけに、整理の不足や学術上の速断と独断とが、当時また後世の学界から批判され攻撃される点があるけれども、それぞれの発掘地における最初であると同時に基礎的な報告として今日までその生命をたもっている。トロヤ文明、ミケネ文明の研究はシュリーマンの諸著を無視しては、現在でも進められないのである。

なお、シュリーマンの多くの著書から抜粋したものに Wieland Schmied, *Heinrich Schliemann, Kein Troja Ohne Homer,* 1960.(桃井直達訳、ハインリッヒ・シュリーマン『ホメロスなくしてトロヤなし』)、大部な書翰集に E. Meyer 編 Heinrich Schliemann, Briefwechsel I. II. (1958)がある。

シュリーマンの名をもっとも有名にしたのは、彼が発掘してえた豪華でみごとな財宝、輝やく金銀製品、鮮麗な宝石細工、また大きな青銅製品、めずらしい土器の壺類であったが、それらは彼が愛した二つの国の首府、ベルリンとアテネ、および彼自身はあまり望まなかったにしろトロヤの地が所属する国の首府、イスタンブールの博物館におさめられている。

本書の第五章にあったように、トロヤの発掘品の大部分はベルリンの国立民族学博物館 Das Museum für Völkerkunde の三室に陳列された。すなわち、この博物館の第四室にはトロヤの第一市と第二市のもの、第五室には第二市のもの、第六室には第六市と第七市のものがあった。この陳列品をシュミットが研究して『シュリーマンのトロヤ遺物の蒐集』H. Schmidt, *H. Schliemanns Sammlung Trojanischer Altertümer*, 1920. をあらわした。この書物によると、総数九七〇〇余、そのうち土器は四〇九八個で、顔壺、嘴壺その他大小さまざまがあり、粘土製や石製の紡錘《ぼうすい》車一七〇〇余、碧玉、黄金、銀などでつくられた壺類、宝飾品、冠などの宝物は三〇〇余、などがある。これらを所属した時期にわけ、個々について形、大きさ、色彩から用途その他にもふれた、完全詳細な解説研究書がこのシュミットの本である。しかし、このベルリンにあったトロヤ遺物は第二次大戦に悲惨な運命にあった。疎開されたが、敗戦の混乱期に監督者も責任者も失って、疎開さきの小村ではその品の名もその価値も知る者なく、いたずらに破壊され散らばった。しかし立ち直ったドイツにはただちにすべての国立博物館の散逸した遺物をさがす努力が続けられたが、黄金製品はもとよりその他の品もごくわずかしか再発見されていない。それらは西ベルリンのシャーロッテンブルク宮の先史原史博物館と東ベルリンのペルガモン博物館にみられる。

トルコに寄贈されたトロヤの発掘品もトロヤの各時代にわたるが、ベルリンのものには及ばないとしても、腕輪や耳輪のような装身具や黄金細工品は人の目を驚かし、種々の土器や石製品も多い。シュリーマン時代のコンスタンティノープル帝室博物館の改名したものが、今日のイスタンブール考古博物館である。

トロヤの出土品が、このように分割されたのに対してミケネ、ティリンス、オルコメノスの品は一括してアテネに集められた。そしてその後たえず各地の発掘品を加えて、世界でただひとつの「ミケネ文明」博物館となって、アテネの国立考古博物館の大きな室と副室をみたしている。そのうちの主室はシュリーマンの発掘品を主として、入口や壁をミケネ式文様で飾ってある。その後にギリシア各地のミケネ時代および前ミケネ時代の遺物が、隣りの部屋部屋におさめられて、全体ではシュリーマンの時よりはほぼ二倍の品数になっている。スタイスの案内書(V. Stais, *Mycenaean Collection of the National Museum*, 1926.)によると、総点数六二〇五だが、今日ではその後のミケネ、ピロスその他各地の出土品を加えてもっと多くなっている。金、銀、青銅、象牙、獣骨、陶土、雪花石膏また象眼細工などによってつくられた、剣、装身具、偶像、奉納物、日常調度、墓碑があり、また人骨のあるままの墓(シュリーマンの発掘品ではないが)まで陳列してある。なおシュリーマンの死後、夫人はトロヤ発掘品のいくらかをここに寄付したが、土器が主であって数は少ない。

ある時代の遺物がことごとく一か所に集められていることの可否、便不便についてはいろいろの議論があるであろうが、アテネの国立考古博物館のミケネ室は、クレタのへラクリオン考古博物館(ここにはクレタ発見のこの文明の遺物をほとんど集めている)とともに、世界に例のない誇るべきものである。シュリーマンの晩年の努力は、ギリシア先史時代の究明にあったとすれば、この二つの博物館はすべての代表的遺物をおさめている点において、しかもその文明が生まれ育ったその土地にある点において、シュリーマンが最も喜ぶものであろう。

シュリーマンの人間と学問

シュリーマンはその人間とその学問とを離しては考えられない人だといわれている。彼においては学問と人間とが分ちがたいほどに結合してともに生長し、しかも大きな学問的成功と人間的完成とに達しているからである。

いったい、シュリーマンはどのような人物だといえようか。彼はロマンティストにして同時にリアリスト、より厳密にいえば、リアリスト的ロマンティストといってもよいだろうか。彼の自叙伝を読むとき、人はその前半生においてあらゆる悲運にもてあそばれた生涯、そのうちにあって幼少年の時からの夢「ホメロス世界の実現」という目標をすこしの間も忘れず、あきらめずに涙ぐましい努力をつづけている人間の姿をみるであろう。この目標は当時にあっては学界も世間もまったく信じていないものだったから、たしかに夢であり、こんな夢を熱情をかけて追う者はロマンティストだ。元来、シュリーマンには彼自身が認めているように「あらゆる神秘なもの、あらゆるふしぎなものに対する性癖」が強かったし、少年時代において村の神秘に対する彼の感動はよくこのことをしめしている。しかしこの性格が北欧的な神秘や怪奇への無限的なあこがれに終始しないで、――もっとも晩年になって故郷の村の伝説の墓を発掘したがったが――明晰でより人間的な古典世界、ことにギリシア世界へのあこがれとなったのは、彼が育った時代と環境とのせいだった。父や叔父のもとで当時の教養世界へみちびかれたからだった。

しかしシュリーマンはその夢の実現にあたってははなはだ着実に、現実的であり、また実証的なのである。トロヤの実在を信じては、それを発掘によって実証したいのであるし、神秘の墓の物語りに魅せられると、掘って実見したくなるのである。しかもトロヤを発掘するにしても、まず自己の生活を立て、財産をつくってから着手するのである。ミナとの結婚を失っても現実の自己の立場からこの悲運を肯定し、自分を説得している。彼はロマンティストの熱情をもちながら、強い自制心と現実を忘れない、強い意志をもっていた。彼はセンティメンタリストでもないし、また他人の立場を考慮する余裕のない利己主義な情熱家でもない。

エルンスト・マイヤーはつぎのように書いている。シュリーマンは商人としてもまた学者としても、そのいずれにもなりきれない偉人だった。それは祖先以来の商人(母方)と牧師(父方)との二様性をもつ血縁からも理解されるが、またメックレンブルクの堅忍とハンザ精神とが彼の生をつくったからであり、またアメリカ的私人の不屈な精神の発揮者である。そしてもし真の熱情とは、その目的のためにはあらゆる方法とあらゆる犠牲とをいとわない、しかも無私な英雄的な意志力であるならば、ここにゲルマン精神がみられなくもない、と。そしてまた「彼の生命の表現においては特異であり、ただ偉人だけが行なうことを許されるような、また一つの主目的に集中する一面性があり、その意志は頑固に、自分自身にたいしては最後の一句までも無考慮な一人の人間」だった。「というのは、彼は最大の意味においてその指導理念にとらえられて、その擁護のための戦いにおいては非妥協的だったからである」と。

シュリーマンは結局はロマンティストかもしれないが、それ以上のものをもっていた。その成功と人間的大成とには彼の着実さと強固な意志と楽天主義が加わっている。彼にはすでにトロヤ発掘前から、学者と商人との二重性がみられるし、商業から身を引いて発掘に専心していても、やはり商人的なものがあった。だから彼は学者となっても異色ある学者であり、アマチュア的な面があって学界と戦ったが、このいわば学界からの自由さと誠実さとから学問における新しい開拓者となることができたのでもあった。それでここにすこし彼の商人精神についてのべておきたい。

シュリーマンの商業上の成功は幸運によるばかりでなく、彼の明察と機会をみるのに敏なすぐれた商才のせいであり、ときには投機的でもあった。クリミア戦争中にはインド藍や戦時用品を買い入れ、アメリカの南北戦争には木綿の大取引きをおこない、クロンシュタットの大火をみるとすぐに木材の買付けをした。株の取引きは生涯つづけた。彼は弟の安否を確めるために、アメリカに渡ったが、一面それは(あるいはこの国に行ってからか)ゴールドラッシュの熱にひかれたからだった。彼は大金を持って渡航し、金粉業と銀行とを開いて大きな利益をえた。「私はつねに五時に起床し、五時半に朝食、六時に仕事をはじめて、一〇時まで休まず。朝から夜まで私の銀行はあらゆる国籍のひとびとでいっぱいで、一日じゅうに私は八か国語を語った」と書いている。

この精力的な活動といい、思索的より行動的で、また精神的より物質的という彼の性質は、アメリカ風のビジネスマンである。資本がその所有者の能力に応じて増加してゆく、この自由な資本主義国が、彼の気にいった。大統領とあって大いに喜んでいる。そしてノートに、アメリカ合衆国は日に日に偉大に強大に、また富み、有力になりつつあり。彼らは偉大なひとびとだ。古代には存在しなかったような人種だ、と記している。

他の場所ではまた、ギリシアに行こう。もしそこに住むことができないならば、アメリカに行こう。そこには何か新しいものがある、と書いている。

シュリーマンの語学の才能は天才的といってもよいほどだが、また努力も大したものだった。自叙伝のなかの、徹底的で強引な語学の勉強ぶりは読者の目をみはらすであろう。ロシア時代(一八五五)に妹への手紙に「おまえの手紙はたいへんうれしい。しかし返事がなかなか書けない。時間があっても、私を熱情にまでかりたてる語学への愛情が、休息をあたえないから。……ここ二四日間にポーランド語とスウェーデン語をあげた。……私は今では一五か国語を話したり書いたりすることができるようになった。……今晩も徹夜だ」と書いている。また別便に(語学は)「わが楽しみであり、無限の熱情によって私はそれにしばられている。今週中私はずっと計算所にいたが、日曜日には早朝から夜おそくまでソフォクレスを読む」と。しかしこの語学も彼においては決して死んだ言葉ではなく、実用と結びつくことに魅力があった。新しい語学を習得した時、それで話しまた書くことがこのうえなく楽しいのだった。

シュリーマンはまったく自分の力で成功したセルフメイド・マンの代表者である。その財産、地位、教養、学識はすべて自分の手で、また時には自分独自の方法によって、えたものである。こんなところからまた彼の性質からして、学問上にも独断と軽はずみな判断を、しかもはでに発表して、学界の反感をそそったのだった。彼は無邪気であったろうが、何かを発見すると、すぐに世間に知らせたいのである。知人や友人のほか、有力者や国王にまで報告し、新聞に発表する。トロヤ発見の当時、ドイツでは「いたるところ、家庭でも街上でも、また郵便馬車や汽車のなかでもトロヤが語られた。ひとびとは驚きと疑問とにみたされた」と当時の人が記している。また著書『ミケネ』にはイギリスの総理大臣グラッドストーンに序文を書かせるほどの世俗面を彼はもっていた。

このようなシュリーマンに対して学界、ことにドイツの学界がもっともはげしく反撥したのは当然だった。ドイツの批判主義の苛酷さが有頂天になっているシュリーマンにむかっていっせいにたちあがったといってよい。ドイツの学者にとってシュリーマンは真実でないことを「大衆の目をくらますような」また「広告的な」発表をするしろうと学者にすぎない。これに対してこの純情な熱情家はたえられない。彼の晩年の一〇年間は反対者との戦いであったといえる。シュリーマンにとって彼らは「誹謗者《ひぼうしゃ》」であり、「ドイツ言語学者たちの野蛮な悪口」であった。彼らに対するとシュリーマンは事実の証明を提出することを忘れて、激しい怒りの言葉をならべてしまう。

イギリスとアメリカではしだいに彼の説は認められ、ドイツにも理解者をえてくるが、学者時代の彼をはげまし、その孤立の立場を支えてやったのが、夫人ソフィアと友人のフィルヒョウだった。五〇歳六〇歳になっても、ソフィアから数日間音信がないと責めて「おまえがいないと部屋が暗い。おまえのいない生活にはたえられない」といったおびただしい手紙を書きおくる彼だったが、こんな恋文のような手紙を出しながら、つねに家をそとに他国に飛びあるいた彼だった。そしてまた結婚のはじめからホメロスと語学(英語やドイツ語)を日課として課し、夫人が健康を害するほどに教えこむ彼であった。一方ではしかし、夫の熱狂を細心にかばい、多大の心づかいをしてはげますのは夫人だった。

フィルヒョウはシュリーマンより数週間の長兄である。彼は冷静で人情味のある、しかも強い性格の人だった。その侠気と組織者としての才能、活動的なところがシュリーマンと共鳴し、つねにその相談相手となってその熱情をなだめ、なぐさめ、ドイツ学界のきびしい批判から彼を守り、講演会を開いてやったり、自分が関係する人類学会の名誉会員にしてやったりした。一八八八年ごろから二人の文通は多くなり、たがいに訪ねあい、シュリーマンの家族のことにまであたたかい忠告をあたえていた。二人の手紙はじつに友情の泉にみちたものだった。シュリーマンが晩年にしだいに祖国にたいして好感をもつようになったのはフィルヒョウを通じてであり、ことにトロヤの発掘品がドイツに寄付されるようになったのは、シュリーマンのフィルヒョウに対する友情からであった。トロヤの財宝の処置についてはイギリス、ギリシア、フランス、イタリア、ロシアの諸国を相手に、シュリーマンの商人的取引きが結びついてなかなかきまらなかったが、ついにドイツにまったく利益をすてて寄贈されたのだった。ある日、二人がトロヤからイダ山に騎馬旅行をしていた時、春草にまじって咲くスモモの花をフィルヒョウが「アンケルスハーゲンからの花束だ」といってその友に手渡したことから、祖国への回想がシュリーマンに決心をさせた、とフィルヒョウは記している。激しいが一面に弱い、孤独な名誉欲のある人間をあたたかくかばっていたのが、フィルヒョウだった。

さて、シュリーマンの学者としての業績は今日ではどのように評価されているか。非難と賞賛とがはげしくいりまじった彼の学問的成功は、今日ではほぼ定まったといってよい。その方法の上では粗雑であり、推理にも目標の設定にも科学性を欠いている。彼はホメロスのトロヤという理念にかられて、それを発見するという衝動のままに、がむしゃらに掘った。彼はトロヤその他の発掘において「まるで地下工事者のように、動かされた土の量によって」為された仕事を算定したといわれる。そのために多くのものを破壊した濫掘と、ことに彼の空想的な解釈は、専門学者からその成功を無価値なものとされた理由である。彼の推理はまったくホメロスを「福音書のように信じ」そのめがねを通してみたものであり、事実をまげて解かれたことも多い。

しかしその成功はただ偶然の幸運だったとはいえない。このことは本書のなかでフィルヒョウが弁明しているとおりである。そしてたとえ、トロヤやミケネであのようなみごとな発掘成果をあげえなかったならば、シュリーマンの不屈で執拗な熱情は、彼の夢が実現するまで、ホメロスにうたわれたすべての地点を、さらにそれに関連する地点をも掘りつづけてやまなかったであろう。そして必ずどこかで成功したにちがいないであろう。

ともかく、シュリーマンはこれまでなんぴとも想像もしなかった二つの大文明、トロヤ文明とミケネ文明を発見した。考古学者としてこのような幸運をもった者はかつてないし、今後もないであろう。ギリシア史だけでなく、世界の歴史に新しい章ないし節を加えた彼の業績は不朽である。彼の諸発掘を彼の許しをえて一冊にまとめて学術的に解いたものが、シュッフハルトの『トロヤ、ティリンス、ミケネ、オルコメノス、イタカにおけるシュリーマンの発掘』C. Schuchhardt, *Schliemanns Ausgrabungen in Troja, Tiryns, Mykenä, Orchomenos, Ithaka*, 1890. であって「近代科学の光の下に」とあるように、すでに正しい学的評価がしてある。それればかりでなく、方法論のうえにも大きな功労者であった。これまでの古典考古学(今日でも西洋の考古学の中心にあるもの)がおもに古代美術品を対象としていたのに対し、シュリーマンは美術作品のほかに生活用品ごとに住居址の全体が問題になることを示した。またギリシアの地において先史時代研究をはじめて開いた人として、先史考古学と古典考古学とを握手させた人だといえるのである。最後に彼の晩年の生活ぶりをルドウィヒによって記しておきたい。アテネのイリオン邸にあるとき、――しだいにそれは多くなったが――夏は三時、冬は五時に起きて、たいていはファレロン湾まで三マイルを馬をはせて海水浴にゆく。妻か娘が同伴した。彼はエレガントな帽子を毛のうすくなった頭にいただき、赤い絹ハンカチがポケットからたれていたが、彼にどの色が好きかと問うと、青色だ、インド藍で私は財産をつくったのだから、と答えた。乗馬と水浴のほかにオレンジ、ザクロ、ブドウが茂る庭園の世話が彼の務めであり、秘書もなしにすべての通信を――学問上はもとより財産保管、取引き関係など――自分で書くのも仕事だった。そして残る時間はすべてギリシア古典の研究と社交とであった。

改訳にあたって

改訳にあたっては新しい第八版(一九五五年)を参照した。第二版と同じくE・マイヤーが編者となっているが、その序文で彼はただ現代の公式表記によってブナルバシBunarbaschi を Pinarbaşi と改めた以外はこれまでと同じだと書いている。これは当然のことだが、なおその他に小さなちがいではあるけれども、Hissarlik は Hisarlik に、Ujek-Tepeh は Uçektepe(ウチェクテペ)に、Basika-Tepeh は Başiktepe(バシクテペ)(第五章)になっている。挿図については第二版とまったく同じではないが、旧訳本の通りにした。旧訳本の挿図は第二版からとられたのであるが、その大部分はシュリーマンの著書によるものであるし、またその粗樸な図が私にはすてがたかったからである。

書中に引用したホメロスは呉茂一氏訳(「岩波文庫」)に改めた。

ついでにシュリーマン以後のトロヤ研究とミケネ文明についての新しい成果を簡単に付け加えておきたい。

デルプフェルトの『トロヤとイリオン』(Troja und Ilion, 2Bde., 1902)はシュリーマン＝デルプフェルトのトロヤ研究の総決算書として、その成果には疑問の余地はないものと長く信じられてきた。それによると、トロヤには九市があり、第二市は城壁をめぐらし、あの財宝をもち特有なトロヤ文化が栄えた隆盛期であった。その時期には三つの建築期が区別できて、前二五〇〇—二〇〇〇年まで。第三市—第五市のトロヤは衰退期であって、もはや町ではなく村落にすぎなかった(前二〇〇〇—一五〇〇年)。第六市(前一五〇〇—一〇〇〇年)はミケネ時代にあたり、城壁は復興し拡大されて第二の盛期であるが、この第六市こそ「ホメロスのトロヤ」であった。そして第七市はギリシア時代(前一〇〇〇—七〇〇年)、第八市は前七〇〇年以後のギリシア時代、第九市はローマ時代である。

このデルプフェルトの決定にたいして疑義をもったのが、アメリカのブレーゲン(C. Blegen)であった。そこで彼は一九三九年からトロヤに挑んだ。彼はトロヤに掘り残されている部分を徹底的に精密に調査して多くの新しい事実を明らかにした。トロヤは第一市から城壁をもっており、第二市にはさらに多くの時期が区分され(前二五〇〇—二二〇〇年)、第三、第四、第五市の区別と年代が、明確にされた。しかしもっとも注目されたのは「ホメロスのトロヤ」の決定であった。第六市はミケネ時代であるけれども、この町が破壊されたのは地震のせいであって、そのすぐ後に建てられた第七市Aは戦争の火災によって滅んでいる。それでホメロスのトロヤはこの第七市Aなのであることが確定された。その各市の年代については一二一ページ注参照。ブレーゲンらによるTroy, 4 vols, 1950-58. の大冊はトロヤ研究の終結書である(拙書『英雄伝説を掘る』新潮社刊参照)。

次にミケネについては、新しい発掘調査が進められた。そのうちでおもなものは城塞の外においてイギリスのウェースによる三つの大きな家、ギリシアのミロナスらによるもう一つの墓地、すなわち円形墓地Bの発見であった。ことにこの円形墓地はその内に二四の墓があり、ほとんど盗掘をうけず、多くの財宝や陶器とともに葬られたままの屍が掘りだされた。この墓地は城内の円形墓地Aより少し古い(A. J. B. Wace, Mycenae, 1949. G. E. Mylonas, Ancient Mycenae, 1957.) ティリンスもドイツ考古学会が詳細に調査して大部な報告を出した。

そのほかにギリシア各地にミケネ時代の墓や建物がつぎつぎに発掘されたが、そのなかで最も著しい出来事はピュロスの発見であった。ピュロス王ネストルはトロヤ遠征軍のなかの長老であって、シュリーマンもその王宮の所在を探したが、明らかにできず、その後も学者の探索はつづいた。さきのブレーゲンはついに西メッセニアにその宮殿址を発掘して、建物、壁画、文字陶板などを得て、ネストルの王宮を確認した(C. Blegen, Pylos, Palace of Nestor, 1963. 続行中)。またミケネ時代に使われた文字(ミノア文字・線文字B)が解読されたことも特筆されねばならない。

このようにしてシュリーマン以後百年の今日では、トロヤ文明はその文化圏が拡がり、ミケネ文化はその範囲と密度を増し、ミケネ文明の先駆といえるクレタ文明は明確な姿を樹立した。シュリーマンが開いたギリシア先史時代はエーゲ文明という東地中海をつつむ華やかな文明に成長したのである。

一九七六年一月

訳　者

古代《こだい》への情熱《じょうねつ》—シュリーマン自伝《じでん》
シュリーマン著

1954年11月25日　第1刷発行
1976年2月16日　第31刷改版発行
2007年12月18日　第81刷改版発行
2020年11月16日　第91刷発行

訳　者　村田数之亮《むらたかずのすけ》

発行者　岡本　厚

発行所　株式会社　岩波書店
〒101-8002 東京都千代田区一ツ橋2-5-5

案内 03-5210-4000　営業部 03-5210-4111
文庫編集部 03-5210-4051
https://www.iwanami.co.jp/

印刷 製本・法令印刷　カバー・精興社

ISBN4-00-334201-1　Printed in Japan

読書子に寄す

――岩波文庫発刊に際して――

岩波茂雄

真理は万人によって求められることを自ら欲し、芸術は万人によって愛されることを自ら望む。かつては民を愚昧ならしめるために学芸が最も狭き堂宇に閉鎖されたことがあった。今や知識と美とを特権階級の独占より奪い返すことはつねに進取的なる民衆の切実なる要求である。岩波文庫はこの要求に応じそれに励まされて生まれた。それは生命ある不朽の書を少数者の書斎と研究室とより解放して街頭にくまなく立たしめ民衆に伍せしめるであろう。近時大量生産予約出版の流行を見る。その広告宣伝の狂態はしばらくおくも、後代にのこすと誇称する全集がその編集に万全の用意をなしたるか。千古の典籍の翻訳企図に敬虔の態度を欠かざりしか。さらに分売を許さず読者を繋縛して数十冊を強うるがごとき、はたしてその揚言する学芸解放のゆえんなりや。吾人は天下の名士の声に和してこれを推挙するに躊躇するものである。このときにあたって、岩波書店は自己の責務のいよいよ重大なるを思い、従来の方針の徹底を期するため、すでに十数年以前より志して来た計画を慎重審議この際断然実行することにした。吾人は範をかのレクラム文庫にとり、古今東西にわたって文芸・哲学・社会科学・自然科学等種類のいかんを問わず、いやしくも万人の必読すべき真に古典的価値ある書をきわめて簡易なる形式において逐次刊行し、あらゆる人間に須要なる生活向上の資料、生活批判の原理を提供せんと欲する。この文庫は予約出版の方法を排したるがゆえに、読者は自己の欲する時に自己の欲する書物を各個に自由に選択することができる。携帯に便にして価格の低きを最主とするがゆえに、外観を顧みざるも内容に至っては厳選最も力を尽くし、従来の岩波出版物の特色をますます発揮せしめようとする。この計画たるや世間の一時の投機的なるものと異なり、永遠の事業として吾人は微力を傾倒し、あらゆる犠牲を忍んで今後永久に継続発展せしめ、もって文庫の使命を遺憾なく果たさしめることを期する。芸術を愛し知識を求むる士の自ら進んでこの挙に参加し、希望と忠言とを寄せられることは吾人の熱望するところである。その性質上経済的には最も困難多きこの事業にあえて当たらんとする吾人の志を諒として、その達成のため世の読書子とのうるわしき共同を期待する。

昭和二年七月

《法律・政治》〔白〕

人権宣言集　高木八尺・末延三次・宮沢俊義 編
新版 世界憲法集 第二版　高橋和之 編
君主論　マキアヴェッリ　河島英昭 訳
フィレンツェ史 全二冊　マキァヴェッリ　齊藤寛海 訳
リヴァイアサン 全四冊　ホッブズ　水田洋 訳
ビヒモス　ホッブズ　山田園子 訳
法の精神 全三冊　モンテスキュー　野田良之・稲本洋之助・上原行雄・田中治男・三辺博之・横田地弘 訳
ローマ人盛衰原因論　モンテスキュー　田中治男・栗田伸子 訳
第三身分とは何か　シィエス　稲本洋之助・伊藤洋一・川出良枝・松本英実 訳
教育に関する考察　ロック　服部知文 訳
完訳 統治二論　ジョン・ロック　加藤節 訳
寛容についての手紙　ジョン・ロック　加藤節・李静和 訳
キリスト教の合理性　ジョン・ロック　加藤節 訳
ルソー 社会契約論　桑原武夫・前川貞次郎 訳
アメリカのデモクラシー 全四冊　トクヴィル　松本礼二 訳
犯罪と刑罰　ベッカリーア　風早八十二・五十嵐二葉 訳
リンカーン演説集　高木八尺・斎藤光 訳
権利のための闘争　イェーリング　村上淳一 訳
近代人の自由と古代人の自由・征服の精神と簒奪 他一篇　コンスタン　堤林剣・堤林恵 訳
民主主義の本質と価値 他一篇　ハンス・ケルゼン　長尾龍一・植田俊太郎 訳
近代国家における自由　H・J・ラスキ　飯坂良明 訳
外交談判法　カリエール　坂野正高 訳
危機の二十年 —理想と現実　E・H・カー　原彬久 訳
マッツィーニ 人間の義務について　齋藤ゆかり 訳
モーゲンソー 国際政治 —権力と平和 全三冊　原彬久 監訳
現代議会主義の精神史的状況 他一篇　カール・シュミット　樋口陽一 訳
第二次世界大戦外交史 全二冊　芦田均
憲法講話　美濃部達吉
日本国憲法　長谷部恭男 解説

《経済・社会》〔白〕

政治算術　ペティ　大内兵衛・松川七郎 訳
ケネー 経済表　平田清明・井上泰夫 訳
チュルゴオ 富に関する省察　永田清 訳
国富論 全四冊　アダム・スミス　水田洋 監訳　杉山忠平 訳
道徳感情論 全二冊　アダム・スミス　水田洋 訳
コモン・センス 他三篇　トーマス・ペイン　小松春雄 訳
ロバート・マルサス初版 人口の原理　ロバート・マルサス　高野岩三郎・大内兵衛 訳
経済学における諸定義　マルサス　玉野井芳郎 訳
オウエン自叙伝　ロバアト・オウエン　五島茂 訳
経済学および課税の原理 全二冊　リカードウ　羽鳥卓也・吉澤芳樹 訳
戦争論 全三冊　クラウゼヴィッツ　篠田英雄 訳
自由論　J・S・ミル　塩尻公明・木村健康 訳
女性の解放　J・S・ミル　大内兵衛・大内節子 訳
ミル自伝　朱牟田夏雄 訳
大学教育について　J・S・ミル　竹内一誠 訳
ユダヤ人問題によせて ヘーゲル法哲学批判序説　マルクス　城塚登 訳
経済学・哲学草稿　マルクス　城塚登・田中吉六 訳
新編輯版 ドイツ・イデオロギー　マルクス　エンゲルス　廣松渉 編訳　小林昌人 補訳
マルクス エンゲルス 共産党宣言　大内兵衛・向坂逸郎 訳
賃労働と資本　マルクス　長谷部文雄 訳

- 賃銀・価格および利潤　マルクス／長谷部文雄 訳
- マルクス 経済学批判　武田隆夫・遠藤湘吉・大内力・加藤俊彦 訳
- マルクス 資本論 全九冊　エンゲルス編／向坂逸郎 訳
- 文学と革命 全二冊　トロツキイ／桑野隆 訳
- ロシア革命史 全五冊　トロツキー／藤井一行 訳
- 空想より科学へ ―社会主義の発展　エンゲルス／大内兵衛 訳
- 家族・私有財産・国家の起源　エンゲルス／戸原四郎 訳
- 帝国主義論 全二冊　ホブスン／矢内原忠雄 訳
- 帝国主義　レーニン／宇高基輔 訳
- 金融資本論 全二冊　ヒルファディング／岡崎次郎 訳
- ローザ・ルクセンブルク 獄中からの手紙　秋元寿恵夫 訳
- 雇用、利子および貨幣の一般理論 全二冊　ケインズ／間宮陽介 訳
- シュムペーター 経済発展の理論 全二冊　塩野谷祐一・中山伊知郎・東畑精一 訳
- シュムペーター 経済学史 ―学説ならびに方法の諸段階　中山伊知郎・東畑精一 訳
- 租税国家の危機　シュムペーター／木村元一・小谷義次 訳
- 恐慌論　宇野弘蔵
- 経済原論　宇野弘蔵

- ユートピアだより　ウィリアム・モリス／川端康雄 訳
- 民衆の芸術　ウィリアム・モリス／中橋一夫 訳
- 社会科学と社会政策にかかわる認識の「客観性」　マックス・ヴェーバー／富永祐治・立野保男 訳／折原浩 補訳
- プロテスタンティズムの倫理と資本主義の精神　マックス・ヴェーバー／大塚久雄 訳
- 職業としての学問　マックス・ウェーバー／尾高邦雄 訳
- 社会学の根本概念　マックス・ヴェーバー／清水幾太郎 訳
- 職業としての政治　マックス・ヴェーバー／脇圭平 訳
- 古代ユダヤ教 全三冊　マックス・ヴェーバー／内田芳明 訳
- 宗教と資本主義の興隆 ―歴史的研究 全二冊　トーニー／出口勇蔵・越智武臣 訳
- 世論 全二冊　リップマン／掛川トミ子 訳
- 王権　A・M・ホカート／橋本和也 訳
- 鯰絵 ―民俗的想像力の世界　C・アウエハント／小松和彦・中沢新一・飯島吉晴・古家信平 訳
- 贈与論 他二篇　マルセル・モース／森山工 訳
- 国民論 他二篇　マルセル・モース／森山工 編訳
- ヨーロッパの昔話 その形と本質　マックス・リュティ／小澤俊夫 訳
- 独裁と民主政治の社会的起源 ―近代世界形成過程における領主と農民 全二冊　バリントン・ムーア／宮崎隆次・森山茂徳・高橋直樹 訳
- 大衆の反逆　オルテガ・イ・ガセット／佐々木孝 訳

《自然科学》〔青〕

- 科学と仮説　ポアンカレ／河野伊三郎 訳
- エネルギー　オストヴァルト／山県春次 訳
- 光学　ニュートン／島尾永康 訳
- 星界の報告 他一篇　ガリレオ・ガリレイ／山田慶児・谷泰 訳
- 大陸と海洋の起源 ―大陸移動説 全二冊　ヴェーゲナー／都城秋穂・紫藤文子 訳
- ロウソクの科学　ファラデー／竹内敬人 訳
- 種の起原 全二冊　ダーウィン／八杉龍一 訳
- 実験医学序説　クロード・ベルナール／三浦岱栄 訳
- 完訳 ファーブル昆虫記 全十冊　山田吉彦・林達夫 訳
- 増訂新版 アルプス紀行　ジョン・チンダル／矢島祐利 訳
- 確率の哲学的試論　ラプラス／内井惣七 訳
- 史的に見たる科学的宇宙観の変遷　アーレニウス／寺田寅彦 訳
- 科学談義　T・H・ハックスリ／小泉丹 訳
- アインシュタイン 相対性理論　内山龍雄 訳・解説
- 相対論の意味　アインシュタイン／矢野健太郎 訳
- 自然美と其驚異　ジョン・ラバック／板倉勝忠 訳

ダーウィニズム論集　八杉龍一編訳

近世数学史談　高木貞治

ハッブル　銀河の世界　戎崎俊一訳

パロマーの巨人望遠鏡　全二冊　D・O・ウッドベリー　関正雄・湯澤博・成相恭二訳

生物から見た世界　ユクスキュル　クリサート　日高敏隆・羽田節子訳

ゲーデル　不完全性定理　林晋・八杉満利子訳

日本の酒　坂口謹一郎

生命とは何か　—物理的にみた生細胞　シュレーディンガー　岡小天・鎮目恭夫訳

行動の機構　—脳メカニズムから心理学へ　全二冊　D・O・ヘッブ　鹿取廣人・金城辰夫・鈴木光太郎・鳥居修晃・渡邊正孝訳

ウィーナー　サイバネティックス　—動物と機械における制御と通信　池原止戈夫・彌永昌吉・室賀三郎・戸田巌訳

《イギリス文学》〔赤〕

ユートピア　トマス・モア　平井正穂訳
完訳カンタベリー物語　全三冊　チョーサー　桝井迪夫訳
ヴェニスの商人　シェイクスピア　中野好夫訳
ジュリアス・シーザー　シェイクスピア　中野好夫訳
十二夜　シェイクスピア　小津次郎訳
ハムレット　シェイクスピア　野島秀勝訳
オセロウ　シェイクスピア　菅泰男訳
リア王　シェイクスピア　野島秀勝訳
マクベス　シェイクスピア　木下順二訳
ソネット集　シェイクスピア　高松雄一訳
ロミオとジューリエット　シェイクスピア　平井正穂訳
リチャード三世　シェイクスピア　木下順二訳
対訳シェイクスピア詩集 ―イギリス詩人選(1)　柴田稔彦編
から騒ぎ　シェイクスピア　喜志哲雄訳
言論・出版の自由 他一篇 ―アレオパジティカ　ミルトン　原田純訳
失楽園　全二冊　ミルトン　平井正穂訳

ロビンソン・クルーソー　全二冊　デフォー　平井正穂訳
ガリヴァー旅行記　スウィフト　平井正穂訳
ジョウゼフ・アンドルーズ　全二冊　フィールディング　朱牟田夏雄訳
トリストラム・シャンディ　全三冊　ロレンス・スターン　朱牟田夏雄訳
ウェイクフィールドの牧師 ―むだばなし　ゴールドスミス　小野寺健訳
幸福の探求 ―アビシニアの王子ラセラスの物語　サミュエル・ジョンソン　朱牟田夏雄訳
マンフレッド　バイロン　小川和夫訳
対訳ブレイク詩集 ―イギリス詩人選(4)　松島正一編
対訳ワーズワス詩集 ―イギリス詩人選(3)　山内久明編
湖の麗人　スコット　入江直祐訳
キプリング短篇集　橋本槙矩編訳
対訳コウルリッジ詩集 ―イギリス詩人選(7)　上島建吉編
高慢と偏見　全二冊　ジェーン・オースティン　富田彬訳
説きふせられて　ジェーン・オースティン　富田彬訳
ジェイン・オースティンの手紙　新井潤美編訳
対訳テニスン詩集 ―イギリス詩人選(5)　西前美巳編
虚栄の市　全四冊　サッカリー　中島賢二訳

床屋コックスの日記・馬丁粋語録　サッカレ　平井呈一訳
デイヴィッド・コパフィールド　全五冊　ディケンズ　石塚裕子訳
ディケンズ短篇集　小池滋　石塚裕子訳
炉辺のこほろぎ　ディケンズ　本多顕彰訳
ボズのスケッチ 短篇小説篇　全二冊　ディケンズ　藤岡啓介訳
アメリカ紀行　全二冊　ディケンズ　伊藤弘之・下笠徳次・隈元貞広訳
イタリアのおもかげ　ディケンズ　伊藤弘之・下笠徳次・隈元貞広訳
大いなる遺産　全二冊　ディケンズ　石塚裕子訳
荒涼館　全四冊　ディケンズ　佐々木徹訳
鎖を解かれたプロメテウス　シェリー　石川重俊訳
ジェイン・エア　全二冊　シャーロット・ブロンテ　河島弘美訳
嵐が丘　全二冊　エミリー・ブロンテ　河島弘美訳
アルプス登攀記　全二冊　ウィンパー　浦松佐美太郎訳
アンデス登攀記　全二冊　ウィンパー　大貫良夫訳
ハーディ テス　全二冊　井上宗次　石田英二訳
緑の木蔭 ―和蘭派田園画　トマス・ハーディ　阿部知二訳
緑の館 ―熱帯林のロマンス　ハドソン　柏倉俊三訳

ジーキル博士とハイド氏　スティーヴンスン　海保眞夫訳
プリンス・オットー　スティーヴンスン　小川和夫訳
新アラビヤ夜話　スティーヴンスン　佐藤緑葉訳
南海千一夜物語　スティーヴンスン　中村徳三郎訳
若い人々のために 他十一篇　スティーヴンスン　岩田良吉訳
マーカイム・壜の小鬼 他五篇　スティーヴンソン　高松雄一・高松禎子訳
怪談 —不思議なことの物語と研究　ラフカディオ・ハーン　平井呈一訳
心 —日本の内面生活の暗示と影響　ラフカディオ・ハーン　平井呈一訳
ドリアン・グレイの肖像　オスカー・ワイルド　富士川義之訳
サロメ　ワイルド　福田恆存訳
嘘から出た誠　ワイルド　岸本一郎訳
童話集 幸福な王子 他八篇　オスカー・ワイルド　富士川義之訳
人と超人　バーナド・ショー　市川又彦訳
分らぬもんですよ　バァナード・ショウ　市川又彦訳
ヘンリ・ライクロフトの私記　ギッシング　平井正穂訳
南イタリア周遊記　ギッシング　小池滋訳
闇の奥　コンラッド　中野好夫訳

密偵　コンラッド　土岐恒二訳
コンラッド短篇集　中島賢二編訳
対訳 イエイツ詩集　高松雄一編
月と六ペンス　モーム　行方昭夫訳
人間の絆 全三冊　モーム　行方昭夫訳
サミング・アップ　モーム　行方昭夫訳
モーム短篇選 全二冊　行方昭夫編訳
アシェンデン —英国情報部員のファイル　モーム　中島賢二・岡田久雄訳
お菓子とビール　モーム　行方昭夫訳
荒地　T・S・エリオット　岩崎宗治訳
悪口学校　シェリダン　菅泰男訳
オーウェル評論集　小野寺健編訳
パリ・ロンドン放浪記　ジョージ・オーウェル　小野寺健訳
動物農場 —おとぎばなし　ジョージ・オーウェル　川端康雄訳
対訳 キーツ詩集 —イギリス詩人選(10)　宮崎雄行編
キーツ詩集　中村健二訳
阿片常用者の告白　ド・クインシー　野島秀勝訳

20世紀イギリス短篇選 全二冊　小野寺健編訳
イギリス名詩選　平井正穂編
タイム・マシン 他九篇　H・G・ウエルズ　橋本槙矩訳
トーノ・バンゲイ 全二冊　ウェルズ　中西信太郎訳
回想のブライズヘッド 全二冊　イーヴリン・ウォー　小野寺健訳
愛されたもの　イーヴリン・ウォー　中村健二・出淵博訳
イギリス民話集　河野一郎編訳
フォースター評論集　小野寺健編訳
白衣の女 全三冊　ウィルキー・コリンズ　中島賢二訳
対訳 ブラウニング詩集 —イギリス詩人選(6)　富士川義之編
灯台へ　ヴァージニア・ウルフ　御輿哲也訳
船出 全二冊　ヴァージニア・ウルフ　川西進訳
夜の来訪者　プリーストリー　安藤貞雄訳
アーネスト・ダウスン作品集　南條竹則編訳
ヘリック詩鈔　森亮訳
フランク・オコナー短篇集　阿部公彦訳
たいした問題じゃないが —イギリス・コラム傑作選　行方昭夫編訳

英国ルネサンス恋愛ソネット集　岩崎宗治編訳

文学とは何か　—現代批評理論への招待　全二冊　テリー・イーグルトン　大橋洋一訳

D・G・ロセッティ作品集　南條竹則　松村伸一編訳

真夜中の子供たち　全二冊　サルマン・ラシュディ　寺門泰彦訳

《アメリカ文学》〔赤〕

ギリシア・ローマ神話 付インド・北欧神話　ブルフィンチ　野上弥生子訳
中世騎士物語　ブルフィンチ　野上弥生子訳
フランクリン自伝　松本慎一　西川正身訳
フランクリンの手紙　蕗沢忠枝編訳
スケッチ・ブック 全二冊　アーヴィング　齊藤昇訳
アルハンブラ物語 全二冊　アーヴィング　平沼孝之訳
ウォルター・スコット邸訪問記　アーヴィング　齊藤昇訳
ブレイスブリッジ邸　アーヴィング　齊藤昇訳
エマソン論文集 全二冊　酒本雅之訳
完訳 緋文字　ホーソーン　八木敏雄訳
哀詩 エヴァンジェリン　ロングフェロー　斎藤悦子訳
黒猫・モルグ街の殺人事件 他五篇　ポオ　中野好夫訳
対訳 ポー詩集 —アメリカ詩人選(1)　加島祥造編
ユリイカ　ポオ　八木敏雄訳
ポオ評論集　八木敏雄編訳
森の生活 (ウォールデン) 全二冊　ソロー　飯田実訳
市民の反抗 他五篇　H・D・ソロー　飯田実訳
白鯨 全三冊　メルヴィル　八木敏雄訳
ビリー・バッド　メルヴィル　坂下昇訳
ホイットマン自選日記 全二冊　杉木喬訳
対訳 ホイットマン詩集 —アメリカ詩人選(2)　木島始編
対訳 ディキンソン詩集 —アメリカ詩人選(3)　亀井俊介編
不思議な少年　マーク・トウェイン　中野好夫訳
王子と乞食　マーク・トウェーン　村岡花子訳
人間とは何か　マーク・トウェイン　中野好夫訳
ハックルベリー・フィンの冒険 全二冊　マーク・トウェイン　西田実訳
いのちの半ばに　ビアス　西川正身訳
新編 悪魔の辞典　ビアス　西川正身編訳
ビアス短篇集　大津栄一郎編訳
ヘンリー・ジェイムズ短篇集　大津栄一郎編訳
あしながおじさん　ジーン・ウェブスター　遠藤寿子訳
荒野の呼び声　ジャック・ロンドン　海保眞夫訳
どん底の人びと —ロンドン1902　ジャック・ロンドン　行方昭夫訳
死の谷 マクティーグ 全二冊　ノリス　石田英二　井上宗次訳
赤い武功章 他三篇　クレイン　西田実訳
シカゴ詩集　サンドバーグ　安藤一郎訳
熊 他三篇　フォークナー　加島祥造訳
響きと怒り 全二冊　フォークナー　平石貴樹　新納卓也訳
アブサロム、アブサロム! 全二冊　フォークナー　藤平育子訳
八月の光 全二冊　フォークナー　諏訪部浩一訳
ブラック・ボーイ —ある幼少期の記録 全二冊　リチャード・ライト　野崎孝訳
オー・ヘンリー傑作選　大津栄一郎訳
黒人のたましい　W・E・B・デュボイス　木島始　鮫島重俊　黄寅秀訳
フィッツジェラルド短篇集　佐伯泰樹編訳
アメリカ名詩選　亀井俊介　川本皓嗣編
魔法の樽 他十二篇　マラマッド　阿部公彦訳
青白い炎　ナボコフ　富士川義之訳
風と共に去りぬ 全六冊　マーガレット・ミッチェル　荒このみ訳
対訳 フロスト詩集 —アメリカ詩人選(4)　川本皓嗣編
とんがりモミの木の郷 他五篇　セアラ・オーン・ジュエット　河島弘美訳

岩波文庫の最新刊

ファン・リンス著／横田正顕訳

民主体制の崩壊
—危機・崩壊・再均衡—

デモクラシーはある日突然、死に至るのではない。危機を昂進させる政治過程を経て崩壊する。その分析枠組を提示した比較政治学の古典的研究。

〔白三四－一〕　本体一〇一〇円

下村湖人作

次郎物語（五）

朝倉先生のあとを追って上京した次郎は先生が主宰する「友愛塾」の助手となり、自己を磨く充実した日々を送る。不朽の教養小説最終巻。（解説＝原彬久）（全五冊）

〔緑二二五－五〕　本体九五〇円

幸田露伴作

渋沢栄一伝

偉人の顕彰ではなく、激動の時代が造り出した一人の青年が成長していくドラマを、史実を踏まえて文豪が描き出す。露伴史伝文学の雄編。（解説＝山田俊治）

〔緑一二－一八〕　本体八一〇円

……今月の重版再開……

ジョージ・オーウェル著／都築忠七訳

カタロニア讃歌

〔赤二六二－三〕　本体九二〇円

ヴァルター・ベンヤミン著／野村修編訳

ボードレール 他五篇
—ベンヤミンの仕事2—

〔赤四六三－二〕　本体九二〇円